我是怎样设计飞机的

KELLY
MORE THAN
MY SHARE OF
IT ALL

美国飞机设计师凯利·约翰逊自传

[美]克拉伦斯·伦纳德·凯利·约翰逊
[美]玛吉·史密斯 著　杨松 译

浙江教育出版社·杭州

思考中的智者：克拉伦斯·伦纳德·凯利·约翰逊（Clarence L. "Kelly"Johnson）

目 录

前　言 / *005*
引　言 / *007*

第一章　　　人穷志坚 / *001*
第二章　　　搬　家 / *012*
第三章　　　成为一名工程师 / *017*
第四章　　　日益腾飞的公司 / *027*
第五章　　　年轻漂亮的出纳员 / *039*
第六章　　　威利、阿米莉亚等飞行家 / *047*
第七章　　　一系列飞机 / *060*
第八章　　　战争和大批量生产 / *071*
第九章　　　进入陌生领域 / *083*
第十章　　　大型飞机时代 / *094*
第十一章　　喷气时代——首个"臭鼬工厂" / *111*
第十二章　　朝鲜战场的教训 / *125*
第十三章　　与"幽灵"们一起工作 / *138*

第十四章　秘密飞行的"黑鸟"——3倍声速　/ *155*

第十五章　疾病与健康　/ *176*

第十六章　这不是秘密　/ *185*

第十七章　永别了，我心爱的人　/ *199*

第十八章　捍卫美国　/ *203*

第十九章　科技与未来　/ *215*

第二十章　美好的一生　/ *226*

附　录　　奖项与荣誉　/ *232*

出版后记　/ *236*

前　言

除非对航空界特别熟悉，否则很多读者拿到这本书后，都会问凯利·约翰逊（"Kelly" Johnson）是谁？那么我给大家简单介绍一下：凯利是他那个时代乃至其他时代最负盛名、成就非常高的一位航空工程师、飞机设计师及制造师。本书的附录列举了凯利获得的近 50 项奖项和荣誉，而这些只不过是他所获奖项中的一部分。韦伯斯特[①]曾给"天才"这个词下了一个定义：天才就是指非同寻常的智力，特别是在创造性活动中表现出来的智力。虽然凯利否认自己是天才，但是这个词用来描述他，是非常准确的。

航空知识并不是本书的全部内容，甚至不算是本书的重要组成部分。在本书中，航空只是一个不可缺少的因素和活动背景，有了它，读者们才会对凯利丰富和富有洞察力的一生更加感兴趣。虽然凯利在本书中讲述自己时有些轻描淡写，没有任何强调和修饰，但这正符合这位工程师的偏好：让事实说话。

我和凯利第一次见面是在 1945 年 9 月。后来很开心也很

[①] 诺亚·韦伯斯特（Noah Webster，1758 年 10 月—1843 年 5 月），美国辞典编纂者、政论家和编辑，被誉为"美国学术和教育之父"。——译者注

荣幸，我能和他一起在"臭鼬工厂"①工作，并从中深受教育。我们几乎每天都在一起工作，从1955到1966年，时间长达11年。从U-2侦察机的研制（在此顺便提一下，这曾被美国纳税人认为是最划算的交易之一），一直到YF-12截击机的设计（这早有规划，但一直没有完成）和SR-71［令人难以置信的"黑鸟"（Black Bird）］研制的前4年，我们一直在一起。对我来说，这是一段意义非比寻常而又令我收获颇多的经历。令人遗憾的是，后来再没有这样的机会。简单而言，凯利带给大家的财富不只包括他已经完成的事情，更多的在于他是如何做到的，即他的方法。在很多情况下，他会忽略所谓的"正规体系"，甚至置之不顾。

U-2和SR-71是"臭鼬工厂"遵守项目计划，以低于合同价格的价格顺利完成的两个项目。参议员萨姆·纳恩（Sam Nunn）曾称赞凯利"臭鼬工厂"的独创工作方法是独一无二的国家贡献。国防部前副部长戴维·帕卡德（David Packard）也称它为国家宝藏。尽管如此，出于一些原因，"臭鼬工厂"现在已经不采用这种工作方法了。对美国纳税人来说，这是一个不可原谅也是不必要的损失。细心的读者一定会究问其中的原因，这也是理所当然的事情。

本书是凯利这位出类拔萃人物的自传，书中还说到了其他更多事情。当然他给大家留下的，以及大家可以从他身上学到的，远远超过这些。

美国空军退役准将 利奥·P. 吉尔里（Leo P. Geary）
1984年于科罗拉多州丹佛

---

① 臭鼬工厂（Skunk Works）是洛克希德·马丁公司高级研发项目部的官方绰号。臭鼬工厂以执行秘密研究计划为主，研制了洛克希德公司的许多著名飞机，包括U-2侦察机、SR-71"黑鸟"侦察机以及F-117"夜鹰"战斗机和F-35"闪电II"战斗机、F-22"猛禽"战斗机等。——译者注

引 言

当很多专家还在坚信不可能的时候，象征勇敢的"黑鸟"SR-71和YF-12已经在秘密地进行3倍声速的飞行了，外形美观又似滑翔机的U-2侦察机已经能够到达"80 000英尺[①]以上"的高空。克拉伦斯·伦纳德·凯利·约翰逊正是这些代表全世界最高性能水平的飞机的设计师。

凯利曾经设计出美国第一种投入实战的喷气式战斗机——F-80"流星"（Shooting Star）战斗机。第二次世界大战期间，他设计了引人注目的双尾撑P-38"闪电"（Lightning）战斗-截击机，当它的机翼前缘产生超声速湍流时，它是第一种遇到空气压缩性现象的飞机。他对四十多种飞机的设计都做出了卓越贡献，而且其中半数以上飞机的初始设计都是由他提出的。

他囊括了这个行业中关于飞机设计的所有奖项，有些奖项甚至获得了两三次，比如国家科学奖章（National Medal of Science）、国家安全奖章（National Security Medal）以及自由勋章（Medal of Freedom）。其中自由勋章是美国公民的最高荣誉，只有美国总统才有权授予。

---

① 1英尺约合0.305米。——译者注

凯利（右）与妻子南希·约翰逊（中）及里根总统（左）的合影。1983年，美国总统罗纳德·里根向凯利颁发国家安全奖章

凯利在洛克希德公司创办的"臭鼬工厂"——官方名称是高级研发项目部（Advanced Development Projects，ADP），被人们认为是耗时最少、保密性最高并在设计方面取得罕见"突破性"纪录的研发小组。"快速、保密、按时"是凯利的口号。

1960年，苏联人在莫斯科红场向公众展示他们宣称的U-2飞机残骸。那是弗朗西斯·加里·鲍尔斯（Francis Gary Powers）驾驶时被击落的飞机。报纸刊登了照片，面对新闻界的质疑，凯利给出了直截了当的回答。"不，"这位飞机设计师回答道，"那不是U-2。"

由于U-2飞机的飞行高度较高，而苏联人一直无法击落这个高度的飞机，U-2飞机在苏联领空进行侦察飞行已有数年之久。这次苏联人宣称他们击落了U-2飞机，却遭到凯利的质疑。作为曾在工厂参与U-2飞机设计、研发以及生产等各个环节的设计师，他马上就认出了苏联人展示的飞机残骸并不是U-2飞机的。

与这位备受敬仰的工程师争辩，结果只有失败。

自他大学毕业担任工程师以来，时间已经过去44年了。他曾经对他的老板们坦言，他们为了向空中运输领域挑战而设计的新型全金属飞机的稳定性非常不好。尽管这种不稳定性在20世纪30年代的飞机设计上是可接受的，可是这位年轻工程师在密歇根大学对这种飞机模型进行风洞试验时，固执地拒绝接受教授们的意见。教授们可以接受存在的缺陷，而他不行。当然，他的意见是正确的。后来，洛克希德公司返工制造出了第一架双垂直尾翼远程运输机，并因此于20世纪三四十年代在全世界声名鹊起。同时，凯利的这种工作作风也为他在洛克希德公司的工程人员中赢得了"老山羊"的称号。

凯利一直坚持自己的原则。

20世纪50年代初期，他就曾经指出洛克希德公司应停止与美国海军签订研制垂直起降飞机的合同。他认为当时的发动机功率有限，飞机安全性能低，所以应该放弃这个计划。

他拒绝继续研发氢动力飞机，因为这对于20世纪50年代的技术来说太超前了。他开展一段前期工作后退回了研发合同，因为经过初期研发后，发现这架飞机可能会成为一条"胖狗"（他的高级研发项目部接班人的原话）。

在执行与美国政府签订的2 000万美元U-2飞机制造合同

中，凯利节省了近200万美元，并将其退还给美国政府，同时用预计生产20架飞机的钱又额外生产了6架。

凯利·约翰逊常说："从12岁起，我就知道自己想做什么了。"

虽然现在他已经退休，但仍担任洛克希德公司的顾问，"臭鼬工厂"仍保留着他的办公室。虽然他不再像以前那样，每天早晨6时就开始工作（这样可以更好地和东海岸军事办公室联系，因为他们每天早3个小时开始办公），但是他仍然给自己制订了繁忙的工作计划。

本书既不打算写成一部航空史，也不打算写成专门叙述飞机研制的文献。它只不过是一个人对自己一生的回顾而已。

玛吉·史密斯（Maggie Smith）
于加州谢尔曼奥克斯

第一章
人穷志坚

对于一位计划开辟新生活的年轻移民来说,仲冬的美国密歇根北部是一个异常艰苦且寒冷的地方。其实我的父亲原本并没有打算选择在此地定居。

1882年,当时我的父亲只有24岁,便留下未婚妻克里斯汀·安德森(Christine Anderson),离开故乡马尔默——瑞典的一个小城市,只身来到美国寻求更好的生活。当时的瑞典实行征兵制,我的父亲彼得·约翰逊(Peter Johnson)被征入伍,可是他根本不想去服兵役。

他拿着攒下来的600美元,打算到美国内布拉斯加州(Nebraska)买一个农场,计划将来定居在美国中西部这片肥沃的平原上了。

到达芝加哥后,他才发现"新世界"的机会少之又少,而且他还碰上了一伙坏人。那些家伙专门欺骗那些刚下船、对当地情况还不熟悉的外国人。我的父亲给了他们600美元,以为自己已经买下了想买的那个内布拉斯加州农场,但是那些"新朋友"却把他送上了开往密歇根北部的火车。他在马凯特市(Marquette)下了火车,那时正值寒冬时节,天气异常寒冷,可是他还以为到了内布拉斯加州!

他发现真相之后，面临的难题就是如何在这个陌生的地方生存下去。虽然他曾经做过泥瓦匠，可是在这寒冷的冬季里，唯一能找到的活就是铺设铁路枕木。干了一段时间枕木铺设工后，他才联系上了当地的一家建筑公司，转做砌砖工。

几年之后，我的父亲终于攒够钱，将他的未婚妻克里斯汀接到美国。后来他们结了婚，定居在距离马凯特市不远的伊什珀明镇（Ishpeming）矿区。1910年2月27日，我就出生在那里。

我的名字叫克拉伦斯·伦纳德·约翰逊（Clarence Leonard Johnson）。家里共有9个孩子，我排行第七。家里非常穷，从小我们就竭尽所能去挣钱，帮助家里维持生计。

在儿时的记忆中，我出生的地方特别美。每次我从镇子上的高山峭壁向下望时，即便那长长的东西双向行驶的火车车厢里装满铁矿石，我都觉得特别美。每年的夏天和冬天，我都会到森林里搭个隐蔽的小窝，带上小狗普斯（Putsie）。

我们一家人居住在3间租来的前后排大房子里。我记得最清楚的是，最后的那间大木屋刷着绿漆，位于山顶的峰会街。冬天天气特别冷，为了找木头烧炉子，父亲通常会在一个晴天，拉着我家的马——麦克（Mac），带上锯木机去四五英里[①]外的森林中砍桦木。8岁时，我便经常跟他一起去伐木。天气很冷，每次我们出发前，母亲都会在我脚旁放个热水壶，然后将我的脚和壶裹在一起，以免我的脚被冻伤。她还会在饭盒里给我们带些午餐——一些热咖啡和三明治。我们首先去找那些已经倒下的树，这样锯起来最不耗时。我们带了一把横锯，为了帮助父亲锯木，我要用力拉着锯的一端，但是很多树都是父亲用斧子砍下的。一

[①] 1英里约合1.609千米。——译者注

天的活干完了，我和父亲把砍好的木头，堆在锯木机的后面。这些木头至少能装满3辆手推车，我们带着满足的收获感回家。每年家里的圣诞树也都是从森林里砍回来的。在我记忆中，好像没见过谁这样砍伐过，可能是因为当时那里居住的人并不多。

我们家的房子里有两种炉子，它们分别用来做饭和取暖，烧的是木头和煤。我们通过另一种省钱的办法获得煤，那就是在铁路旁拾煤。火车驶过时，经常会掉下些煤，拾满一麻袋就足够烧一天。所以放学后，我和姐姐爱丽丝（Alice）会带上雪橇（每人一辆）和麻袋去拾煤块，装满麻袋后带回家。慢慢地，火车司机认识我们了，如果火车掉下的煤块太少，他们会从火车上扔下一些给我们。

冬季的天气非常恶劣，给父亲的干活带来了不少困难。砌砖时，砖面会结冰霜，导致砖与砖之间不能黏合。不过，在比较暖和的天气里，父亲会通过加热一个50加仑①的旧空油桶来解决这个难题。他在油桶底部开几个洞作为通风口，并在桶里面燃起旺火，然后把结冰的砖摆在油桶的四周，在砖面再次结冰前，父亲会快速地把砖砌好。父亲干这活经常取决于天气，要是天气好，他一天可以砌2 000块砖。

我的母亲也要工作，补贴家用。除了做家务之外，她还要给镇上的有钱人洗衣服，洗一篮衣服可以挣到两三美元。她每天都要洗衣服，不用洗衣机，而是用洗衣板。我们家的地下室不够大，没有足够的地方洗衣服，所以不论冬夏，母亲每天都会把洗好的衣服晾晒在户外。

当然，冬天洗的衣服会结冰，妈妈不得不用熨斗把衣服熨

---

① 1加仑约合3.785升。——译者注

干。家里年纪比较大的孩子，比如艾达（Ida）、弗雷达（Freda）和艾格尼丝（Agnes）都会帮忙，我也不例外。我每周至少要赶着四轮马车收送两三次衣服，冬天时就用雪橇。那时，我不愿意让别人看见我干这种活。我尤其记得，有一年的圣乔治日，游行的人群挤满了几条主要大街，我不得不从小胡同回家。当时我就发誓：如果有一天我再回到伊什珀明，一定不走这些小胡同，我要走最好的路。

我特别喜欢伊什珀明镇四周的森林，也常常在镇子东南部那个被我叫作"惊奇谷"的地方搭建隐蔽的小窝。因为那里特别容易藏人和东西，很难被发现。在冬天，气温零下12摄氏度左右时，我会去那里，不生火，只是听着树冻裂的噼啪声，辨认狐狸和其他动物在雪地里留下的脚印，或者追赶兔子。我从一本关于印第安拓荒者的书里学会怎样建造披屋，先砍些粗松树枝，在相邻两棵树中间搭上直径两三英寸①的结实树干，然后将粗树枝缠在一起，其他细树枝自然就会垂下来，像屋瓦一样。这样搭成的披屋可以防雨。我用同样的方法编织树枝制作"地板"。我在披屋的前面留有观察动物的小窗，还经常在披屋里储存一些食物，多数是面包和黄油罐头等。当小狗普斯也跟着时，我会和它一起分享。我每年冬天都会盖新的披屋，因为夏天时，小屋不是被拆毁了，就是干裂了。不过如果能从哥哥埃米尔（Emil）那儿借到板条斧，搭建这种披屋也就只需一天的工夫。

我很喜欢上学，总是急切地争当第一个进入教室大楼的人，但是有个叫塞西尔（Cecil）的家伙每次来晚时，都要把我推到一边，抢占我的位置，并且把我的名字"克拉伦斯"错

---

① 1英寸约合2.54厘米。——译者注

喊成"克拉拉"。很不幸,他的个头足足比我高出 1 英尺,他是个高个子的笨家伙。我觉得应该采取些行动,当然,我要好好计划一番。

一次课间休息,我和塞西尔在操场上发生了激烈的争吵。其他同学把我们推到一起,我意识到机会来了,这次我必须把他打败。于是我从后面狠踢了他的膝盖弯,并在他跌倒后,扑到他的身上。这时我听到"啪"的一声——我把他的腿弄折了。

校长莱西(Lacey)女士和我的二年级老师哈斯(Hass)小姐真的不知道如何处理才好。塞西尔,被打折了腿;我,不仅承认打了他,还承认是故意的。她们拿尺子狠狠地打我的手掌,最后尺子都被打断了,但我却没有掉一滴眼泪,这让其他孩子对我刮目相看。

塞西尔家比较富有,是镇里的富人之一。我猜他的家人会找我家人的麻烦,因此有点害怕回家。这是我第一次害怕挨打。尽管我母亲已经保证,只要我回家,她就不会打我,但我还是扬言自己不会回家,并躲到森林的披屋内,在那度过了一个晚上。当时正值晚春,天气还不算寒冷,我和普斯分享了藏在那里的面包和黄油,直到第二天下午 3 时多,我才敢回家。这一天,我逃学没有去学校,但是家里人对我温暖如初。

当我重返校园时,同学们都觉得我的行为与我的名字"克拉伦斯"不相符,我应该换一个好听、好斗的爱尔兰人名字。当时有一首歌非常流行,名叫《翡翠岛的凯利》(*Kelly from the Emerald Isle*)。当他们唱到那句"系着绿色领带的凯利"时,就给我起了"凯利"的绰号。这个名字从此就传开了。

当时家里真的非常穷,母亲不仅要帮别人洗衣服,还接擦地板的活。有一天,她接了一份活,在镇上的大型商店之一的"塞尔伍德"（Sellwood's）大百货擦地板。在我看来，那片地板差不多有1英亩①，可是爱丽丝和母亲仅用了一天的时间就擦得干干净净。

由于家里穷，每次我们拿油壶去买煤油（通常买15或20美分煤油）时，都会用一块马铃薯塞住壶嘴。回到家后，再把沾上煤油的那部分马铃薯切掉，剩下的部分留下来吃。

为了帮助家里挣钱，有一年我和姑妈在桑兹（Sands）农场合作社度过了整个夏季。那个合作社位于伊什珀明东部偏南不到30英里处。我在那里打工，做一些将奶油分离器的齿轮传动率调高到20∶1之类的活，目的是使操作变得简单。此外，我采摘野生蓝莓挣了31美元。采摘1配克②蓝莓，老板给1美元，这活需要花费一天的工夫。在夏季快要结束时，我返回家中，将31美元交给了母亲。她特别感动，因为我自己分文未留，她流着眼泪对我说了声谢谢。过去为家里所做的贡献，没有一次像这次让我感到如此幸福。于我而言，没有比这更重要的事情了。

第二年夏季，我和爱丽丝决定一起去桑兹农场合作社打工，想要挣更多钱。爱丽丝只比我大3岁，是我在家里最亲密的玩伴。克利福德（Clifford）和海伦（Helen），一个7岁，一个8岁，都太小了，所以我们不能带他们一起去。

爱丽丝和我一起把我们的东西装到一个行李箱里，然后乘坐火车来到桑兹农场。从火车站到姑妈家，我们顶着6月炎热的太阳走了六七英里。但当我们到姑妈家时，却被告知那个夏天我们不能在那里打工了。我们俩只好拿起箱子，用一根长木棍穿过把

---

① 1英亩约合4 046.9平方米。——译者注
② 美制干量1配克约合8.81升。——译者注

手处，一人抬一端，跌跌撞撞地走回火车站，坐火车回家。

我们的父母做事很严格，但为人不苛刻；行为严肃，但对孩子却体贴周到，我从未被父母打过。家里所有的孩子都希望承担一份责任。在我七八岁时，父亲就准许我使用他的工具，也允许我进入他的工作间。只要我能操控，可以使用任何工具，当然我要保证不能损坏或弄丢工具，并且使用完后要将它们放回原处。

我最早获得的结构知识，都是从观察父亲做玩具的过程中学到的。那是冬季里的一天，在非常寒冷的仓库——父亲的工作间里，他用1块桦木、6块其他木头和绳子做了一个摇摆木马。那是一个精致又结实的木马，除了桦木部分保留本色外，其他部分都被涂上了白漆。

父亲还给我做过一辆四轮马车，车身涂着绿漆，并且马车安装了远程操控闸，我用膝盖或手就可以操控。车轮是买的，因为里面有很多金属件，其他部分都是父亲手工制作的。这辆车非常结实，我用了许多年。

父亲是一位多才多艺的工匠，不仅是熟练的木匠和泥瓦匠，还擅长机械类。从我儿童时代起，他就以身作则教会我爱惜和科学地使用工具和机器。他一生都在从事建筑行业，教会我很多有关建筑、结构方面的知识。这些知识对我后来的工作非常有用。

父亲的双手非常粗糙，布满茧子，因为无论在什么条件下，他的双手都拿着砖在干活，他已经对这种工作习以为常。他也曾反感过这种艰苦的生活，曾经拿整月的薪水去喝酒，不过，也只有一次。

我的父母不断把热爱学习的思想灌输给我们，经常鼓励我们在学校好好学习，掌握自学本领。除了父亲，另一个在我少年时期对我影响比较大的人是安德鲁·卡内基（Andrew Carnegie）。

他通过投资自然资源获得了财富,然后为伊什珀明镇捐建了一家图书馆。在此之前,他已经为好几个小镇捐建了图书馆。大家都知道,伊什珀明镇盛产铁矿石。他利用这些矿藏,回馈给小镇更丰富的资源。

我几乎每天都带着小狗普斯去图书馆。图书馆向我开启了新世界。在图书馆,我发现了汤姆·斯威夫特(Tom Swift)丛书,其中的几本我阅读了不止一遍,而是好几遍。这些书分别是《汤姆·斯威夫特和他的飞机》(*Tom Swift and His Airship*)、《汤姆·斯威夫特和他的电动汽车》(*Tom Swift and His Electric Automobile Runabout*)和《汤姆·斯威夫特和他的潜水艇》(*Tom Swift and His Submarine Boat*)。我还通读了一遍整个系列。汤姆·斯威夫特是位技术高超的设计师、工程师和飞行员,可以操控多种交通工具,也是一位喜欢冒险的年轻人。他是我的偶像,我希望自己成为像他一样的人。

关于飞机方面的图书,我还阅读过《流浪男孩》(*the Rover Boys*)系列和柯林斯(Collins)的关于飞机模型的书。从12岁时起,我就已经下定决心,长大后要成为一名飞机设计师。从那时起,我的全部生活就为实现这个目标而奋斗。我写下了自己人生中第一本关于飞机的书,内容几乎都来自剪报,还设计了自己人生中第一架飞机——"梅林"(Merlin)战斗机("梅林"是亚瑟王宫廷魔法师的名字)。此外我还制作了几百架飞机模型。

很多同学对我勤奋好学的习惯一直愤愤不满,对我在学校内取得的优异成绩也嫉妒不已,所以经常奚落我,但我从没有退缩过。他们会潜伏在我每天从图书馆回家的路边,冬天时还会朝我扔裹着大煤块的雪球,这倒把我锻炼成了伊什珀明镇跑得最快的人之一。

人穷志坚的少年凯利（右）和他的弟弟克利福德（左）。左图为凯利在12岁时写的一本书，这说明了他自少年时期起就对航空这一新领域很着迷

  但是曾经有两周，我过着非常恐慌的生活，对自己的未来产生了严重的忧虑。事情是这样的：在和妹妹海伦、弟弟克利福德玩"西部牛仔和印第安人"的游戏时，海伦射出的一支箭误伤了我的左眼，我失明了。

  面对这种令人惊恐的场面，曾经受过护理训练、有过护士经验的母亲特别镇定，把我护理得特别好。第一次世界大战之后，一场可怕的流行性感冒曾经席卷全世界，我的母亲因此在当地医院服务过，我的家人没有一人染上这种疾病。那时，母亲每天都在医院工作很长时间，家务完全落到了艾格尼丝和爱丽丝的肩上。

  母亲小心地拔出我左眼眼球旁的箭，擦掉血迹，确定眼球并未被射伤，但我受惊过度，害怕双眼失明。在视力恢复之前，那两周真是既漫长又令人难忘。

我继续阅读能获得的关于航空方面的所有书籍。战争推动了飞机的研制，我们经常会看到一些特技飞行员表演特技飞行，每人乘坐飞机一次，只需3美元。

我对飞机的热情也表现在日常学习中。有一天，当我在教室内畅谈时事（当然是关于航空的）时，校长沃尔特·格里斯（Walter Griese）先生正好到我们班巡视。他听完我的畅谈后，认为学生们除了学习一些常规课程外，还可以再研究这类专题。于是他邀请我在当地狮子会①的午餐会上介绍航空的未来发展。

我感到十分荣幸，父母也为此感到骄傲。为了参加这次活动，他们给我买了人生中第一条长裤。那天，我穿着白衬衫，系着领带，初次以演讲者身份登台，介绍航空的未来发展。由于我个子矮，他们不得不让我站在椅子上演讲。在这次演讲中，我收获了很多掌声，非常开心。

10岁那年，我给家里的马，麦克，套上马鞍，然后骑着它去了伊什珀明镇西部。哥哥埃米尔正在那里做板条工，我从他那里学到了这门手艺。随着我慢慢长大，哥哥埃米尔和亚瑟（Arthur）相继结婚，离家外住，随后几个姐姐也如此。由于我们之间的年龄差距比较大，我对他们的了解也就越来越少了。

建筑行业在伊什珀明镇逐渐兴起，我在很小时就可以干板条工的活了。板条是一种长4英尺的窄木质板。在新建筑里，板条

---

① 国际狮子会（Lions Clubs International）成立于1917年，是世界上最大的服务组织，分会遍布世界各地。——译者注

被钉在间柱上作为抹面或木板外墙的底层。对于这种活,我太熟悉了。12岁时,我每周要给家里7美元补贴家用,所以至少要挣10美元,才能给自己留一点。在当时,钉1捆板条可挣得25美分,我一天要钉40捆才能挣到那么多钱。从那时起,我已经可以自食其力了。

建筑业的兴起让父亲更加确定,我们要搬到更大的城市,因为那里会有更多的就业机会。1923年,我13岁,我们全家搬到了弗林特市(Flint),它距离伊什珀明镇约300英里,位于密歇根州下半岛上。

由于火车的乘客车厢禁止携带狗,而我们付不起用板条箱托运狗的费用,在我们离开伊什珀明时,小狗普斯一直在火车外面跑,想追上我们,但最后还是被火车甩在了后面。

第二章
搬　家

搬到弗林特后,家里的经济状况有了大幅改善,因为这里有很多建筑,父亲又可以从事建筑行业了。我在读高中和二年制专科期间,一直帮助父亲或给其他人打工,母亲再也不需要给别人洗衣服或到外面干活了。

我的目标仍然是成为像汤姆·斯威夫特那样的人,为此,我一直努力学习。弗林特的公立教育体系非常优秀。我仍像以前一样,对学习孜孜不倦。弗林特的图书馆比伊什珀明的大很多,我很快就成了那里的常客。

1927年,飞行员查尔斯·林白(Charles Lindbergh)成功地完成了历史性的单人横跨大西洋飞行。这件事彻底轰动了全世界,唤醒了人们对飞行的热情,让人们意识到飞行行业的潜力。而在前一年,弗林特市的吉瓦尼斯俱乐部(Kiwanis Club)发起了一次中小学生自制飞机模型的竞赛。这个竞赛已经激发了人们对航空领域的极大兴趣。

在那次竞赛中,我的"梅林"战斗机模型获得了二等奖,奖金是25美元,但是这次竞赛并没有引起学校的过多关注。我仍然经常谈论航空,只要可以选择,我都会把航空作为报告主题,而且每次报告评分都是"A"。

高中毕业后，我一度受冒险精神诱惑，差点背离了原来设定的终生目标。那时，我打算用自己做板条工辛苦挣得的350美元买一艘船，周游世界，进行一些冒险活动。但是很庆幸，我遇到一位特别认真负责的老师，名叫贝莎·贝克（Bertha Baker）。她用了整整一下午时间，耐心地劝我不要在高中和专科之间中断学业，并成功说服了我。后来，我进入了弗林特专科学校。

在弗林特专科学校，我第一次接触到工程学课程。我学习了物理学、数学、微积分，还担任了微积分课程助教，挣到一些钱。我喜欢数学，现在仍是如此。弗林特专科学校是一所非常优秀的专科学校，我在这里学习的基础课程为我后来接受更高等的大学教育打下了坚实的基础。

每逢假期和周末，我就去做板条工。那时，我每天平均可以挣到 10~12 美元。为了挣得 10 美元，我需要钉 2 000 根板条，这要连续钉上好大一堆钉子。

夏季，我还去别克汽车公司打工，负责在生产线上悬挂挡泥板，或者修理发动机及进行台架试验。一天下来，浑身都很脏，沾满油污，所以乘有轨电车回家时，售票员都不允许我坐到座位上。可是我并没有感到困扰，尽管一路站着，我一直都在看书和学习。在那期间，我甚至试着研究爱因斯坦的相对论。爱因斯坦曾说过，全世界只有 12 个人可以掌握他的相对论，我希望成为第 13 个。

最后，我终于在弗林特体验了一次飞机飞行：5 美元飞 3 分钟。那是一架大型笨重的老式斯坦达德（Standard）双翼机，可以容纳 4 名乘客和 1 名飞行员。飞机飞到 700 英尺高度时，发动机失灵了，只能迫降。太有趣了！尽管噪声很大，机舱四面透风,但是感觉很不错。那时,我仍然想设计飞机。

事实上,当时我已经开始计划学习驾驶飞机,因为早期很多伟大的飞机设计师——格伦·柯蒂斯(Glenn Curtiss)、莱特兄弟(Wright brothers)、格伦·马丁(Glenn Martin)都会驾驶飞机。

趁着从专科学校毕业,还没有进入大学,我在一个雨天的早晨,来到了弗林特的毕晓普机场(Bishop Airport),准备以我的全部积蓄 300 美元来换得 10 小时的飞行训练。在一间小屋——当时的办公室,我找到了飞行员吉姆·怀特(Jim White)。他和我聊了一会,询问了我将来的打算。

"凯利,"他听了我的计划后说,"你不应该从我这里开始你的职业生涯。给我 300 美元学习驾驶飞机,这不会让你有出息的。你的学习成绩那么优秀,如果继续深造,前途无量。我不会收你的钱,你不应该成为一个像我这样的机场'流浪汉'。"

当然,他需要那笔钱,甚至可能需要的钱远多于我支付的,但是他是一个伟大高尚的人。在我人生的关键时刻,他为我指引方向。我感到非常幸运,并接受了他的建议,直到现在仍对他心存感激。

弗林特专科学校有一支冠军足球队,我就是其中的一员。毕业后,我们中的几个拿到了南部一所大学的奖学金,这所大学在体育竞技方面比较强。我在暑假期间参加了足球强化训练。

入学时,我计划选择几门对一年后转入另一所大学的航空工程专业有帮助的课程,但不久我发现自己已没有选择。

有一天,教练对我说:"过来,小伙子,这是你的课程。"

"但我还没有选课程呢!"我吃惊地回答。

"不,你已经选了。"他说,"你现在是教练助理,你需要选择与体育有关的课程。"

"但是教练，我想当一名工程师，我一辈子就想做飞机设计师，我要学习有关航空工程方面的课程！"我抗议道。

"小伙子，你是教练助理，"他重复说，"你是教练助理！要么选择这个课程，要么放弃。"

"我不干！"我回答道，然后就这样放弃了。

后来，我给密歇根大学打电话，询问他们那里是否提供体育奖学金。他们的回答是肯定的，我的学习成绩很好，完全符合录取条件。于是，我驾着自己那辆结实的福特 T 型敞篷车来到了安阿伯市（Ann Arbor），希望获得密歇根大学的奖学金，因为我的全部积蓄 300 美元仅够交学费。

来到密歇根大学后，我又遇到了另一个棘手的问题——校园里不允许停车，所以我决定把车开回家，然后再回来参加足球选拔。

在回家的路上，由于一辆庞蒂克大汽车挡住路，我被迫离开大路。穿过涵洞时，我的头不幸被汽车风挡挂住，前额被划了一道很深的伤口。更糟糕的是，后来伤口感染了，我不能参加足球赛了。

这场车祸对我来说其实也算是好事。由于没有了体育奖学金，我不得不在工程行业找工作。一个学期后工作倒是找到了，但是在找到之前，我至少刷了 10 000 个盘子和玻璃杯，以及更多银餐具，还为大学生联谊会会堂倒掉了几吨垃圾。那一年正好是 1929 年，处于经济大萧条时期，安阿伯几乎没有什么建筑物，所以我无法找到钉板条的工作。

在大学生联谊会会堂的厨房打工时，最惬意的事情就是那里的黑人厨师特别好，每逢联谊会成员用餐，她都会让我们 12

位在厨房里打工的小伙计先吃,而且每个人都会得到最好的饭菜。

一学期后,我成为密歇根大学航空工程系主任爱德华·A. 斯托克(Edward A. Stalker)教授的助理。这份工作一直伴随着我整个大学生涯。更重要的是,这是我从事的第一份工程方面的工作。

第三章
成为一名工程师

　　密歇根大学是一所区域特许大学,创立于1817年,当时位于底特律边境的一个小镇,并于1837年搬到现在的校区所在地——安阿伯市。密歇根大学是美国早期最著名的大学之一,而且校园非常美丽。古典式设计的建筑物由大砖砌成,上面爬满了常春藤,修剪整齐的草坪四周栽满了开着鲜花的树木,宽敞开阔的校园给新生带来敬畏而热情的感觉。

　　1929年,我报到入学。在我看来,学校真正美的地方是它的优秀教职工,他们很多都是在美国甚至国际某一领域享有盛名的专家。我感觉自己永远无法像他们那么优秀,于是迫不及待地开始学习了。

　　当时,为了获得航空工程学位,学生必须学习与各个工程领域相关的所有课程,如土木工程、化学、电气学、机械工程等,这样才能为学好航空工程铺平道路。航空工程真的是一门了不起的学科,为设计和制造飞机提供非常好的基础教育,内容涉及各个方面。

　　我的第一位教授是菲力克斯·帕夫洛夫斯基(Felix Pawlowski)。他是一名教授、飞机设计先驱,同时还是一名哲学家。帕夫洛夫斯基是波兰人,波兰和俄国的大学很早就开始涉足航空领域，在当时的航空研究领域处于领先地位。帕夫洛夫斯基曾与埃格·西科斯基（Igor Sikorsky）于1913年在俄国研制出世界上第一架四发动机飞机。他曾拜于亚历山大·古斯塔夫·埃菲尔教授（Alexandre Gustave Eiffel，巴黎埃菲尔铁塔的设计者）门下，并且与埃菲尔教授一起研究风洞。密歇根大学建立第一个风洞和首次开设航空工程课程，都是基于帕夫洛夫斯基的建议。

帕夫洛夫斯基教授是第一位教授我空气动力学课程的老师，同时也帮助我获得了第一份工程方面的工作，这份工作让我可以挣到大学的学费。他和其他教授一样，在学校外面签有研究合同。我在风洞里为他工作，包括设计太平洋联合铁路公司（Union Pacific）的流线型火车，参与芝加哥市的消烟项目，以及在风力发电方面进行了早期的探索性研究工作。

密歇根大学的教授们都是心胸开阔的人，不仅关注并接触校外的许多事情，还关注自己的学生及其专业兴趣。有一天，帕夫洛夫斯基教授给我上了一堂重要的人生课。他带我到一家银行的地下室，在那里，他和一些照本宣科、唯唯诺诺的人举行一个研讨会。在那天的会议上，那些人都被他盘问到理屈词穷，原来这位知名的科学家想确认他们的理论是否有据可依。帕夫洛夫斯基教授希望我学会做人做事开诚布公的作风。

"不要照本宣科、机械地去做任何事情。"他严肃认真地说。我对"任何事情"这个词一直记忆犹新。

爱德华·A. 斯托克教授曾经著有一本关于空气动力学基础知识的教科书，也是一位著名的数学家。当时，他担任密歇根大学航空系的主任，但他不同于普通的教务主任，在规划学习课程上给了我很大帮助。

当我在学术方面表现出惊人的进步之后，他选我做他的学生助教。有了这份工作，我就可以挣足够交学费的钱，再也不用去大学生联谊会会堂的厨房干粗重的活了。

作为航空工程系的领导，斯托克教授负责管理风洞，并让我也参加风洞试验。

有一天，我问斯托克教授："如果学校哪天不用风洞，我是否可以租用它来进行自己的研究工作？"

"当然可以。"他回答说。

就这样，我和大学里最要好的同学唐·帕尔默（Don Palmer）把风洞租了下来，每天租金是35美元，但不包括电费。我们成为密歇根大学风洞的兼职所有者。这点租金对密歇根大学来说不算什么，出租风洞只是想给学生一个机会，看看学生到底可以研究出什么名堂。

租下风洞后，我立刻联系了史蒂倍克汽车公司（Studebaker Motor Company），因为很显然风洞对于设计流线型汽车非常有帮助。就这样，我们接到一项任务：试验"皮尔斯银箭"（Pierce Silver Arrow）——后来成为早期的一种"全流线型"汽车。我俩知道如何降低空气阻抗产生的阻力。比如，我们发现，当史蒂倍克汽车以65英里的时速前行时，车身上那又大又丑的前车灯会消耗掉16%的发动机动力，所以我们重新设计了车灯的外形，然后把车灯放置在挡泥板里。此外，我们还研究了许多其他亟待解决的问题，并进行了无数次试验。

所以我不仅为帕夫洛夫斯基和斯托克两位教授工作，还为自己打工。担任微积分课程助教，也给我带来每小时7.5美元的收入。

在学习过程中，有些课程看似与飞机的直接关系不大，但是后来对我非常有帮助。

比如，机械工程。在毕业考试时，我们必须评估大学发电厂的热平衡。那个发电厂有一个大型蒸汽设备，由 4 个锅炉带动运转，不仅供热还供电。我作为航空工程师，被分配去管理其他机械工程师。他们要进行为期 3 天的持续试验，包括测量燃煤的消耗量、计算煤燃烧到煤灰整个过程产生的能量。这是一节很有价值的关于能量平衡的课。

O. W. 波士顿教授（O. W. Boston）是金属加工领域的佼佼者，著有一本关于金属加工的书。他和汽车行业也有合作，研究高强度钢和其他金属材料的切割方法，以改善它们的机械性能，提高汽车生产效率。

我认为，他是将热电偶植入车床刀具或铣床刀具来测量工具温度的第一人。他还设计了快速切削金属的工具，许多年以后，我将他的方法应用到新型金属上，尤其是钛和不锈钢的切削。

俄国人铁木辛柯兄弟（Timoshenko brothers）是结构学教授。从他们那里，我学到有关振动和结构学的知识。对我来说，这些知识非常重要，因为它们是避免机翼和机尾颤振的基础。在早期的飞机设计中，那是个非常棘手的问题。

此外，米尔顿·汤普森教授（Milton Thompson）教我航空学，沃尔特·E. 雷教授（Walter E. Lay）教我发动机知识，其他一些人的名字我已经叫不出来了。他们都是各个领域的专家，知识渊博，具有非常高的素质。对于我这个从伊什珀明小镇走出来、一心想成为汤姆·斯威夫特的小人物来说，能结识这么多各个领域的知名教授，真的是令人兴奋的奇遇，对我未来成为一名工程师也非常重要。

我非常尊重教授们的丰富经验和博学知识。当然，每当我有不同的观点时,也会直言不讳地说出来。

有一次,对我的小型双翼飞机的风洞试验计算结果,帕夫洛夫斯基教授打了一个"B"的成绩。我不喜欢低于"A"的成绩,于是与教授争辩,并坚信自己的数值是正确的。后来,为了证明这一点,我重新做了试验,结果仍然是这个数值。最后,教授把成绩改成了"A"。他思想开明,喜欢开诚布公,这也是他建议我的。

斯托克教授写了一本新教材,然后我特别冒失地写出了所有练习题的答案,并打算推出习题集。很多人劝我不要这样做,因为这样会对这本教材不利,影响它的销量。

以上我提到的这些人不仅是我的导师,也是我的朋友和伙伴。他们绝不仅仅是那种在打牌时故意输给我,为我增加一点收入的普通朋友。

在学校的大部分时间,我都在工作或学习,修改论文或做助教。我用 2 年的时间修完了大学 3 年的课程,几乎没有时间去玩。我知道要想成为优秀的工程师,必须努力工作和学习。虽然有些辛苦,但我还是很享受这个过程。

当然,我也有轻松的时候。比如我和唐一起清理风洞时,刺鼻的汽油味和恼人的噪声时常影响附近的班级上课,这让我感觉自己在搞恶作剧。

我也有寂寞的时候。我时常匆匆吃完一顿少则花费 50 美分,多则花费 1.25 美元的晚饭,然后拖着疲惫的脚步穿过校园,回去为教授们做更多风洞试验或者修改论文。

那段日子里政府颁布了禁酒令,大家都在家里酿酒。其实我挺反对喝酒的,因为我对瑞典祖先传下来的种种酗酒故事深信不疑。可是同宿舍的同学将果汁放在容器里发酵,并且非常喜欢喝自己酿造的这种酒。一个冬夜，我看到一个小伙子只穿了一条短裤，坐在雪地里，发神经似地喃喃自语。这件事再次让我坚信反对饮酒的正确性。

读高中时，我就患上了胃溃疡。上专科学校时，发病特别频繁，这让我非常担心。后来我发现只要胃里一直有东西，就会感到很舒服，于是每次胃不舒服时，我就会花 20 美分买 2 个甜甜圈和 1 杯牛奶，让胃里总有东西消化。一个学期过后，我算了算，一共吃了 647 个甜甜圈，每个 5 美分。

大学期间，我只约会过两次，一次是去看一场很好看的电影（如今已经记不得电影的名字了），另一次是去参加班级舞会。跳舞对我来说非常简单，可能很多人会问我，哪有时间去练习跳舞呢？其实，我在高中时就学会一些，但是我没有时间谈恋爱，一直小心地躲避各种纠缠，因为要实现自己追求的目标，我不想走弯路。

1932 年，我从密歇根大学航空工程系毕业，获得了学士学位，但是那年找工作不太顺利。唐和我调查了东部海岸几家公司的就业情况。这几家公司分别是西科斯基（Sikorsky）飞机公司、马丁（Martin）公司、寇蒂斯（Curtiss）公司，但调查结果令人十分失望。于是我们决定加入陆军航空队（Army Air Corps），成为一名航空学员。在那里，我们可以学习飞机驾驶和飞机试飞，以及与此相关的全部知识。我通过了全部入学要求，然后开始接受视力检查。在少年时代，我的左眼曾被妹妹在玩"西部牛仔和印第安人"游戏时用箭射伤过，差点失明。尽管这从没有给我带来任何麻烦，但左眼还是没有达到陆军航空队的标准。再一次，我的人生轨迹因偶然事故而改变。假如我被录取成为一名航空学员，我会一直走下去，并且坚持到最后。

我和唐从沃尔特·伯克（Walter Burke）教授那里借来一辆雪佛兰汽车，然后出发去考察西部的几家飞机制造厂，看是否能找到工程师的工作。

当然，我们很缺钱，我们在大学期间通过风洞和其他工作挣到的钱都用来支付学费了。为了让教授的车以最省油的方式多跑几英里，我们在歧管入口处开了一个直径为$\frac{1}{8}$英寸的小孔，并插入一个阀门。开车时，把阀门打开，汽油很快就会达到最佳利用点。利用这种方法，每加仑汽油可以多跑 3~4 英里。

为了减少开销，我们只能买牛奶、面包和三明治肉来当作午餐。我们在校园里、小溪旁、田地里宿营，只要是差不多的地方就行。当然，我们也差点因此丢了性命，一个漆黑的夜里，我们随便找了个地方睡下，后来被一阵隆隆声惊醒，原来是一列火车贴身驶过，我们差一点儿被火车轧死，吓得赶紧逃离了那里。

当我们到达加利福尼亚州圣费尔南多谷伯班克（Burbank）的洛克希德公司时，遇到了一件最令人兴奋的事：那年 6 月，一群航空爱好者以 40 000 美元的价格从破产受益人那里买下了那家公司。

这家公司正在重组中。那时，洛克希德公司是底特律飞机公司（Detroit Aircraft）的一个分公司，它的名气并不小，是专门设计和生产快速胶合板飞机的制造公司。在早期，很多航空界的名人都驾驶过洛克希德公司制造的飞机。虽然洛克希德公司这一年并没有招聘新工程师的计划，但是洛克希德的总工程师理查德·冯·霍克先生（Richard von Hake，后来新公司的生产部经理）建议我们说："你们也看到了，公司刚刚起步。你们为什么不先回学校学习一年，然后明年再来？我想那时你们才能大展身手。"

只能这样了,那年也没有其他的就业机会,我们已经试着找过所有大飞机公司。

所以我们回到密歇根大学继续深造,攻读了一年研究生课程。为了支付这一年的学费,我申请并且获得了希恩奖学金(Sheehan Fellowship)。奖学金一共是500美元,全部被我用来支付那一年的花销。读研究生期间,我主修的课程是发动机增压学,研究如何在高空获得大功率、如何控制附面层以及如何控制流经机身、机翼和尾翼的气流。后来事实证明,这是一次幸运的选择。当然,空气动力学的基础就是控制附面层。我一直非常喜欢研究发动机和空气动力学,所以这个选择也是理所当然的。

在读研究生这一年,我和唐做的风洞试验远多于大学期间所做的试验。

记得那时有家当地的报纸这样报道:

> 5辆非常棒的汽车将于"印第安纳波利斯阵亡将士纪念日"参加汽车比赛。这5辆汽车的车体由密歇根大学的两名在校研究生C. L. 约翰逊和E. D. 帕尔默共同设计完成。这种史蒂倍克小汽车是竞技和载客两用车,完全符合比赛的要求,时速可达到110～116英里……

我们积极设法改进这几辆车,试图使它们在113英里的时速下,每加仑汽油的行驶距离由原来的7英里增加至11.6英里。这个改进对于汽车而言非常重要,因为在那个年代,油箱的容积非常有限。

我们研究出了流线型车轮等几种方案,但汽车驾驶员拒绝采纳。为了避免某天我们在汽车跑道上测试时出现这种争论,我特意做了一次演示。

这次演示非常激动人心。汽车在圆形跑道上的时速可以达到 130～140 英里，但是如果汽车安装上流线型的实心轮盘车轮，跑道上的风会把汽车托起，然后在距离终点 4 英尺的地方把车放下来。

另一个我尝试推销的方案是在汽车的侧面安装减速板。大家都知道，流线型汽车在直线行驶时会达到非常高的速度，但在拐弯制动时就会丧失这一优势。况且在高速下使用减速板也非常困难，因为如果一侧的减速板比另一侧的稍提前打开，整个汽车就会掉转方向。据我所知，他们今天仍没有使用减速板，但许多源自空气动力学原理的好点子都已经应用到赛车的设计中。

将空气动力学应用到实践中去的经历，对我来说也算是一种内容丰富的教育。

在密歇根大学试验的许多飞机模型中，有一架是最近重组的洛克希德公司最新设计的。新公司的董事会主席罗伯特·埃尔斯沃斯·格罗斯（Robert Ellsworth Gross）当时只有 35 岁。他决定：洛克希德公司不再局限于之前获得巨大成功的单发动机木质飞机，要设计具有更大载客能力的新型全金属双发动机飞机。

这架新飞机模型就是"伊莱克特拉"（Electra）。根据我当时了解的空气动力学理论，我认为这架飞机的设计存在许多大问题——飞机的纵向稳定性和方向控制性都很糟糕，但那个时期的飞机多数都存在类似的问题。斯托克教授在一次与劳埃德·斯蒂尔曼（Lloyd Stearman）的讨论磋商中认为，各项数据都是合格的。斯蒂尔曼在 33 岁时就被公认是一流的飞机设计师，也是洛克希德公司的第一任董事长。

1933年，我取得了科学硕士学位，离开了大学。我花500美元买了一辆二手雪佛兰轿车，再次前往加利福尼亚州找工作。唐还和我一起。为了更省油，我们再次改造了汽车。多亏了风洞实验室的工作及1932年的希恩奖学金，我手头稍微宽裕些。我们没有再继续进行风洞咨询工作，因为现在的风洞研究很赚钱，已经引起了教授们的关注。另外，我们不打算在大学里设计飞机，尽管那一直是我的目标。但直到10年后，我挣到的钱才和当初在密歇根大学风洞实验室工作时一样多。

1933年，我们刚到加利福尼亚州，就被洛克希德公司的西里尔·查普利特先生（Cyril Chappellet）和霍尔·L. 希巴德先生（Hall L. Hibbard）雇用了。查普利特先生是公司最早的投资者之一，担任公司的秘书、总裁助理以及人事主管；希巴德先生是公司的总工程师，他们两位都是年轻有为的人。我想自己被雇用的重要原因是，我曾经为这家公司的新飞机进行过风洞试验。那时我每个月的薪水是83美元，从设计工具开始，直到他们任命我为工程师。算上希巴德，当时公司共有5位工程师。唐·帕尔默被格伦代尔市（Glendale）的伏尔提飞机公司（Vultee Airplane）雇用了。

事实上，我和查普利特及希巴德见面后，就直截了当地告诉他们，他们的飞机稳定性不好，而且我对密歇根大学出具的风洞试验报告持不同意见。

第四章
日益腾飞的公司

我在洛克希德公司当众指出,公司重组后设计并寄予厚望的第一架新飞机在设计方面存在不足,飞机的稳定性不好。查普利特和希巴德对我的话有些震惊。因为这对刚刚入职的年轻工程师来说,不合常理。事实上,我批评我的教授和经验丰富的设计师,确实有些自以为是。

第一天,希巴德并没有对我的观点发表任何评论,但是他确实思考了我说的话。

他刨根问底地询问了我的知识功底,包括我是否会绘图,我对数学理论掌握到何种程度。我说自己了解量子论并且做过微积分课程助教,学习成绩一直优秀,教授们也为我写过工作推荐信,我还有风洞方面的工作经验。

希巴德本身是一位出色的工程师,毕业于麻省理工学院航空系。那是一所非常了不起的学院。他想雇用一些"新的年轻人……那些大学刚毕业、怀揣新思想的年轻人"到他的工程部门,这是他许多年后在一次接受采访中解释当时雇用我的原因:

他看上去很年轻,我都担心他不会读或写呢!……他告诉我,我们刚送到密歇根大学进行风洞试验的新飞机存在问题，而且方向操纵不稳定。听了他的话，我确实有点儿吃惊。不过，这件事使我获得了一些新思路。那时，我还真不能确定是否要雇用这个毛头小伙子，但是往好处想，他毕竟毕业于一所优秀的大学，看上去也蛮机灵的，所以我想给他一次机会……

刚开始，我被分配到工艺装备制造部，与比尔·迈兰（Bill Mylan）一同工作，为飞机"伊莱克特拉"设计装备工具。直到后来工程部有了空缺的岗位，我才被派到那里工作。迈兰是个内行，十分熟悉他的工作内容。

"我先把它们制造出来，孩子，然后你就能把它们画出来了。"他对我交代说。

在这期间，我学会了很多有用的本领，比如学会阅读不显眼的细则。在迈兰那里，我得到的第一个任务是设计热处理熔炉，用于加工生产所需的新硬膜铝材料。由于之前对这种熔炉一点都不了解，我去了市区调研，因为那里有几台正在运转的熔炉。回到公司后，我画出了自己认为我们需要的热处理熔炉。几天后，我去加工车间看熔炉的制作进展，然后看到工人们正站在齐脚踝深的碎砖屑里用一把强力带锯锯砖块。

"你们在做什么？只需要把砖砌在那儿就行，为什么要切割？"我特别疑惑地问。

"约翰逊先生，我们正是按照您的要求做的呀。"

在车间订单的一角，有一行非常小的印刷字："除非另外规定，所有公差都不得超过 $\frac{1}{32}$ 英寸。"我给出的砖的尺寸是 2.5×4×9 英寸，所以他们必须锯砖。

在工艺装备制造方面，我发现自己有很多东西需要学习。装配型架是装配飞机及部件时所需的一种样块或框架。我第一次设计的装配型架，只能供工人们在型架一侧工作，不然的话，工人就要钻到型架底下，或爬到顶上干活。

几个月后的一天，希巴德把我叫到了他的办公室。

凯利，既然你质疑两位德高望重的教授出具的"伊莱克特拉"风洞试验报告，为什么不回去再做一次风洞试验，然后看看是否能提出一些改善意见？

希巴德把我送回密歇根大学的风洞，我的汽车后面放着"伊莱克特拉"模型。我一共进行了72次风洞试验，才找到解决这个问题的答案。

这是一个演化过程。进行第72次试验时，我想出了一个主意，在水平尾翼处安装可控制翼板的板片，以增进水平尾翼的作用和获得更好的方向稳定性。事实证明我的想法挺有效，尤其是当我们把机翼整流罩（整流包皮）移到机身上后，效果更为明显。因为这种做法在当时比较流行，且已被成功地应用在道格拉斯公司制造的 DC-1 飞机上。我们还避免了别人采用这种方案时由于应用不当而带来的麻烦。

然后，我们还增加了双垂直尾翼，因为一旦一台发动机出故障，单个方向舵不能提供足够的控制力，但移掉中枢尾翼后，效果非常好。这就是"伊莱克特拉"的最终设计。这种与众不同的双垂直尾翼设计已经应用到洛克希德公司早期的所有金属飞机上。类似的三垂直尾翼设计也广泛应用在 20 世纪 40 年代中期和 50 年代的"星座"（Constellation）客机上，它们都是这些风洞试验的成果。

至今我还保存着希巴德写给我的一封信，那时我还在密歇根大学进行风洞试验。为了匹配泛美航空公司（Pan American Airline）飞机更大功率的发动机（550 马力[①]），他给我快递空运了几个整流罩。这家航空公司对我做的风洞试验"非常、非常感兴趣"。他写道："……事实上，泛美航空公司太想把这种整流罩应用到他们的飞机上，所以他们打算支付你在大学里进行的后几次风洞试验的费用。"

这封信是这样开头的：

亲爱的约翰逊，请原谅我打出来的这种字体，因为今晚我是在工厂里给你写这封信，你是知道的，打字机不太好使。

你肯定可以想象，当我们收到你的电报，说你有了新发现并且找到了简单的解决方法之后，我们有多么喜悦。我们在飞机部件周围举行了热烈的庆祝会。很明显，这是一项非常重要的发现，而你是发现这一秘密的第一人。真为你骄傲……不用多说，在水平翼面上加装这些部件是非常容易的。我想等你回来后再做这件事，也可能我们先在小范围进行操作。

然后他还特别交代了我为泛美航空公司的那批整流罩进行风洞试验。

信的结尾说：

嗯，好吧，我猜我要结尾了。我想你回来后，再次看见

[①] 1 马力约合 735.5 瓦。——译者注

"伊莱克特拉",肯定会大吃一惊的。其他一切都好。

希巴德　谨上

他晚上留在公司亲自给我写这封信,赞扬一个年轻工程师的工作,这充分体现了他的友爱和对年轻工程师的尊重,我感到非常开心。

我回到公司后就成了工程部的一名正式成员。我是第六位工程师,其他工程师分别是詹姆斯·盖希勒(James Gerschler)、乔治·普鲁登(George Prudden)、卡尔·比德(Carl Beed)、杜鲁门·A. 帕克(Truman A. Parker)。办公室不大,而且屋顶还漏雨,但我作为一位老实干活的飞机工程师,不会在乎这些。我不仅研究飞机的航空动力学,而且还会干些应力解析、计算重力和平衡方面的工作。总之,做他们交代给我的任何工作,当然更多的是风洞试验。因此当飞机制造完成准备试飞时,我就成了试飞工程师的最合适人选了。

由于我曾接受过最新的高等数学教育,我被安排分析吉米·杜立特(Jimmy Doolittle)驾驶的洛克希德"猎户座"(Orion)9-D 的收放式起落架。"猎户座"9-D 飞机是原来的"猎户座"飞机基本型的改型。这是我第一次接触经常光顾洛克希德工厂的早期知名飞行员。除了杜立特,我还接触过其他著名的飞行员,包括阿米莉亚·埃尔哈特(Amelia Earhart)、威利·波斯特(Wiley Post)、查尔斯·金斯福德 - 史密斯(Charles Kingsford-Smith)和罗斯科·特纳(Roscoe Turner)。当然,杜立特是早期飞行纪录的保持者,擅长驾驶军用飞机和民用飞机,曾在麻省理工学院获得硕士学位和科学博士学位。那时他正在为壳牌石油公司执行飞行任务,常在偏僻的旷野、牧场和其他未铺筑路面的简陋机场着陆。

收放式起落架是"猎户座"飞机的标准部件,首次成功应用到民用飞机上,使飞机的外形得到很大程度的流线化,并使飞机的最高时速达到 227 英里。"猎户座"飞机是那个时期飞行速度最快的在役飞机,在洛杉矶和旧金山之间的瓦尼高速航线上,仅用 65 分钟就可以完成这段飞行。

为了达到杜立特的要求,起落架的性能需要强化。这是一项非常艰巨的任务,我需要运用我所知的最好的数学知识。为了保证起落架不会脱落,我把起落架的所有管壁和筒壁的厚度都增加了一倍。尽管飞机总重量增加了约 15 磅[1],但是起落架变得稳定多了。

杜立特每 6 个月就会把他的飞机开到工厂,让我们对飞机进行全面紧固处理。他是一名非常优秀的飞行员,也是那种典型的好人。至今,我和他仍是好朋友。

随着那架"伊莱克特拉"首飞的时间到来,格罗斯雇用了当时最优秀且最有经验的民用飞机试飞员埃德蒙·T.·"埃迪"·艾伦(Edmund T. "Eddie" Allen),因为当时洛克希德公司的飞行员还没有驾驶双发动机飞机的经验。艾伦于 1934 年 2 月 23 日单独驾驶这种飞机进行首飞。

当地一家报纸热情洋溢地报道了那次首飞:

> 首飞时,这架时髦的全金属大型客机轻松优雅地在云间翱翔。这标志着,在航空运输方面,营运航速的研究又一次取得了长足进步。

---

[1] 1 磅约合 0.453 千克。——译者注

早期，凯利是一名飞行工程师，在航空领域刚刚立足

那时，"伊莱克特拉"是世界上飞得最快的多发动机运输机，也是第一架可以以超过 200 英里时速巡航的飞机。首飞后不久，艾伦参加了一场飞行速度比赛，它的平均时速可以达到 221 英里。后来，在 10 500 英尺的高空，校准的空速表显示，"伊莱克特拉"巡航时的飞行速度可以达到每小时 203 英里。这种飞机不仅在美国很受欢迎，甚至在其他国家的航空公司编队里也很常见。

从埃迪·艾伦那里，我学到很多知识。首飞之后，作为飞行测试工程师，我同他一起飞完初始阶段的全部测试项目——俯冲测试、失速测试、螺旋测试等。飞行测试涉及很多方面的内容，是一堂教授飞行技巧、飞行科学以及如何应对可能遇到的惊险情况等内容的生动课程。艾伦教会了我测试应该包括的内容、重点和需要记录的内容，他做事总是十分从容。

有一次，为了证明飞机没有颤振和控制问题，我们提速"伊莱克特拉"，使其达到设计俯冲速度——时速320英里。我们在飞机内装满铅块，目的是模拟飞机满载重量。然后我们从伯班克工厂后面的旧跑道起飞，到达大约12 000英尺高空时，埃迪猛加油，飞机呼啸着笔直地往下俯冲。

在距离地面6 000英尺时，我希望埃迪能将飞机重新拉起，可飞机发出了"砰"的一声巨响，驾驶舱周围的东西四处乱飞。我紧盯埃迪，看他怎么做——我们是否需要跳伞。只见他一只手紧握驾驶杆向后拉，将飞机从俯冲状态拉回，另一只手平静自如地掸掉飞到他脸上的一块绝缘材料碎片。

"我的眼睛进东西了。"他镇静地说。

原来是驾驶舱内驾驶员一侧的挡风玻璃被气流吹了进来，上面的一些绝缘材料被撕开，盖到了艾伦的脸上。很显然，经过这件事后，我们要重新设计风挡。

完成初始飞行测试阶段的12次飞行后，艾伦将任务交给了马歇尔·黑德尔（Marshall Headle），由黑德尔接替洛克希德"伊莱克特拉"测试飞行员的工作。我和他一起试飞"伊莱克特拉"和其他飞机，共同飞行了很多年。当我结束飞行测试工程师的生涯时，已经累计飞行了2 300个小时。

我一直奉行这样一种观点：飞机设计师应该学会驾驶自己设计的飞机，以便正确深入了解飞机的性能。只有这样，他才会知道：那些$\frac{1}{4}$英寸的螺栓放在哪里很重要，放在哪可能无关紧要，襟翼会出现什么问题。我们要关心飞行员关心的问题，所以为了在设计新飞机时能够做出恰当的权衡和正确的决定，每年我都要接受这类惊吓。

毫无疑问，那些早期的经验对于我形成自己的工作方式非常重要。很多工程师都不喜欢飞行员，而喜欢工程师的飞行员更是少之又少。飞行员经常不会满足工程师的要求，工程师也不会在意飞行员的诉求，问题主要出在沟通上。

在我早期的职业生涯里，我就下决心做两件事情，以便从根本上避免这种分歧。我要和飞行员一起试飞，只要飞机能坐下两个人，我就会陪他们进行危险的测试，包括首飞。我曾参加过9次首飞。后来，随着工作越来越繁忙，我无法再和飞行员一起试飞，获得第一手数据了，但是我随时愿意倾听他们的心声。他们可以告诉我他们认为应该怎样去做。尽管我也有自己的想法，但是通常我发现他们的建议非常有用。我和绝大多数飞行员都建立了良好的关系，大家相互尊重，我认为这是一种友爱关系。

20世纪30年代的洛克希德公司工程部。全体员工为公司树立节俭、严谨、团结一致的工作作风，而"臭鼬工厂"则是这几十年努力的结果

"伊莱克特拉"的飞行试验一直进行得非常顺利，直到有一次出现了灾难性事故，差点使飞机停飞。这次事故的经过是这样的：为了获得美国政府的合格认证，飞机必须通过一系列的艰苦试验。当时民用航空管理局（Civil Aeronautics Authority）的代表也在测试的飞机上。当飞机结束飞行时，测试飞行员黑德尔放下起落架准备着陆，可是只有右侧的机轮放了下来，左侧机轮没有任何反应，飞机无法降落。

那天，我和希巴德正好在回公司的路上。我们刚刚从位于曼斯基地（Mines Field，现在的洛杉矶国际机场）的民用航空管理局领取了"伊莱克特拉"飞机的生产许可证。我们坐在希巴德那辆宽敞的红色拉塞尔敞篷车里，抽着雪茄，庆祝这一喜事。

我和希巴德平日里是不吸烟的，但是那时需要一种特别的庆祝方式，而且雪茄是民用航空管理局人员送给我们的祝贺礼物。当我们到达伯班克，正好赶上了飞机着陆事件。

那时飞机上还没有无线电通信设备，完全靠地面上人群的狂乱挥手示意以及靠驾驶员自己检查飞机上的仪表来发现故障。詹姆斯·杜立特也在观望的人群里，他自愿申请驾机上天告诉黑德尔有关情况。格罗斯、希巴德让杜立特在"猎户座"的黑色机身一侧用粉笔写上"争取在联合机场着陆——祝你们好运"。那时的联合机场就是现在的伯班克机场。那里的跑道长于工厂的着陆跑道，而且配备有灭火设备。黑德尔在空中扔掉飞机中为模拟最大起飞重量所用的铅块，放掉多余的汽油，最后只用右侧机轮完成了漂亮的着陆。唯一的损坏是飞机在地面拖行时，翼尖受了点磨损。事故原因很简单，修理费用也不高。起落架的轴受剪应力发生断裂，所以我们把起落架的轴换掉了，换成一个比原来大一倍的轴。

但是当时我们并没有马上找到故障所在。作为一家刚刚起步的飞机公司，我们不能承受交货延期、付款推迟这样的风险，所以除了我们工程部的 6 个人和车间里负责这架飞机的人员以外，公司里的其他人都停工了。大家的工资也停发了几周，包括我每月 83 美元的工资。我们必须修好飞机，并且还要重新获得批准，才能交货。

终于到了 1934 年 7 月，公司向西北航空公司（Northwest Airlines）交付了第一架"伊莱克特拉"，工资又重新发放了。

在早期那段岁月里，我太过于认真，希望获得成功，以至于经常不考虑其他人的反应和感受。希巴德为此把我叫到了仓库后面，苦口婆心地和我谈了好几次。在"伊莱克特拉"的一次飞行测试中，我没有带临时随机机械师，而是自己搬铅块来变换飞机的载重。铅块每块重 55 磅，我和多尔西·卡默勒（Dorsey Kammerer）一起装完所有铅块。卡默勒对这件事特别不满意，告到了工会。我认为自己没有做错，既节省时间又节省钱，但是我没有考虑到，这会剥夺一个人的工作权利以及他的飞行津贴。

"凯利，"希巴德说，"你必须要学会与这世界上的其他人相处，你越早学会，你就会越快受益。"

希巴德说得对，引导别人比强迫别人工作更有效率，必要时可以强迫自己，但是不能强迫别人。

后来我和卡默勒成了非常要好的朋友，他担任我的地勤组长好几年，在试验飞机时表现非常优秀。

当我融入公司这个群体中时，发现同事之间的友情非常深厚，可能是因为我们人比较少，在"伊莱克特拉"首飞时，整个公司大约只有 200 人。罗伯特·格罗斯后来在公司组织的晚会上还秀了一下钢琴弹奏。我第一次饮酒是在工厂对面的尼尔药店，为了庆祝

"伊莱克特拉"的首飞成功，那家药店是我们聚会的社交中心。我喝了一种名叫"斯纳格·哈伯"（Snug Harbor）的威士忌，它尝起来有点像月桂沉淀物。

午饭期间，我们会打垒球当作消遣。后来工程部的人越来越多，打球时我们就把人员分成两组——工程组和车间组。我主攻左侧外围，特别喜欢击球，希巴德喜欢投球。我们有时也爱玩触身式橄榄球（touch football）[①]。

我们是一个非常优秀的团队。在洛克希德期间，我曾效劳过的人包括查普利特、希巴德、罗伯特·格罗斯，后来还有罗伯特的弟弟考特兰特（Courtlandt Gross）。我很庆幸自己在这些绅士领导的公司开始职业生涯。他们不仅知识渊博，而且体贴周到。这是一个好的开始，在那些年里，我从他们身上学到了许多东西。

① 运动员以身体接触代替擒抱动作的美式足球。——译者注

第五章
年轻漂亮的出纳员

洛克希德公司的出纳员是一位身材高挑、年轻漂亮的女士。她的办公室正好挨着其他几位主要负责人的办公室。准确地说，她的职位是会计助理。当时公司的办公楼是一幢面积很大的两层红砖房（以前是低矮的平房）。"前线"办公室位于大楼的第一层，工程师的办公室在二楼。我第一次看见她时，她正在弄账本。后来，我打听到她的名字，叫奥尔西娅·路易斯·扬（Althea Louise Young）。

每到发放工资时，她要走遍所有办公室，而且还会走出办公区，去大楼外面的工厂送支票。因此，不需要别人介绍，我就认识她了。她拿有支票就说明公司的钱还是很充裕的，我记得公司曾遇到过3次资金紧张的时候，所以每个人看见她都非常高兴，因为那预示着要发工资了。

"奥尔西娅认为你是一个傲慢且年轻气盛的小伙子。"有一天话务员总管（其实只有她一个话务员）维拉·多娜（Vera Doane）这样告诉我。我和维拉跳过几次舞，她和奥尔西娅是好朋友。当时工厂里只有4位女士，除了她们两人以外，还有格罗斯的秘书瑞内·特伦泰尔（Rene Tallentyre）、卡尔·B. 斯奎尔（Carl B. Squier，改组前的公司的高管，现在担任公司副总裁及销售经理）

的秘书爱丽丝·史蒂文森（Alice Stevenson）。维拉是她们当中最后一位来到公司的，因为其他三人都不愿意做话务员的工作，另外她还兼任公司的接待员和西里尔·查普利特的秘书。

我私下里想了想，认为奥尔西娅可能还有其他意思。不管怎样，我不能允许这样的批评强加在自己身上，于是把奥尔西娅约了出来。

"维拉跟我说你是一个很有头脑的人。"她向我表白。那天晚上，我和奥尔西娅一起去了格伦代尔附近吃牛排，每人花了75美分。我们各付各的账单，毕竟那时她的工资是我的2倍，因为她比我早来公司一年。

那个晚上，我们过得很愉快，所以再次相约出去游玩。我们开始一起去骑马，而且每周至少租马1~2次。我们一直骑到韦尔杜戈（Verdugo）群山的丘陵地带，那里的地势比伯班克高。我们都喜欢跳舞，她跳得很棒。

她打高尔夫球也比我好。有一次，我带她登上一架"伊莱克特拉"测试飞机。她想和我一起飞行，虽然那时不允许，但是对试飞人员还没有严格的规定。飞机里没有乘客座位，她不得不坐在光秃秃的机身构架上，但还是很兴奋。

由于奥尔西娅喜欢体育运动，她的身体和大脑反应很灵活、机警。她是一个非常聪明的人，我们发现彼此间不仅有很多共同的兴趣和爱好，还有相似的人生目标和理想，对公司更是越来越喜欢。因此，我们在一起非常开心。

没过多久，我挣的钱就比她挣的多了，我们告别了AA制的日子。我希望结婚后能养活自己的妻子，不希望她再上班，奥尔西娅也欣然同意了。从第一次约会到结婚，大约有4年的时光。尽管我们不定期做礼拜，但还是选择在洛杉矶威尔希尔大道上的一家教堂中举行了婚礼。我们的蜜月在约塞米蒂（Yosemite）国家公园内漂亮的阿瓦尼酒店（Ahwahnee Hotel）中度过，那一年是 1937 年。

我们在伯班克乡村俱乐部大道的山脚下租了一套不错的老式住宅，在那里度过了几年的幸福时光。奥尔西娅辞去了工作，全职照顾家里。她是一个非常能干，可以协调一切的好妻子。

每个星期天，不管晴天还是下雨，我们都会去骑马。后来养马场倒闭了，我们就买了两匹马，并且把它们寄养在城市西边的阿古拉乡村，每月每匹马要支付 3 美元。后来我们在马里布（Malibu）峡谷外租了一个牧场。在那里，我们可以沿着海岸尽情地驰骋，然后进到山里。虽然山里有响尾蛇出没，但是我们可以俯瞰整个美丽的大峡谷。我和奥尔西娅都喜欢户外运动，于是开始考虑买一个属于自己的牧场。

冬天的降雨经常导致加利福尼亚州南部峡谷的河水泛滥。我们住在乡村俱乐部大道时，就曾经历过一次洪水。当时，我们不得不带着狗和一点私人物品离开家，在消防员的帮助下渡过湍急的水流。经历那次洪水之后，我们决定搬到地势较高的地方居住。

伯班克位于圣费尔南多山谷的平原地区。山谷的南部紧连着群山，从山上可以看到远处山脉的壮丽景色，冬季白雪皑皑，更是美不胜收。为了找到理想的居住地，奥尔西娅和我骑马踏遍了这里的很多地方。

1940 年，我俩的积蓄已经足以投资建造房子。于是，我们在恩西诺（Encino）社区山上地势较高的橡树风景大道买了一块地皮。那是一个小社区，人口稀少，只有 6 000 ~ 8 000 人。房子盖好后，我们成为山上的第四户人家。在我们家房子的上面，我看到了克拉克·盖博（Clark Gable）[①]的房子。社区里还住着一些其他演员，包括爱丽丝·费依（Alice Faye）和她的丈夫费尔·哈里斯（Phil Harris）。当时的区长是阿尔·乔尔森（Al Jolson）。

我们买的那块地皮的许多地方都布满了坚硬的石头，而我们不仅想建造一座房屋，还想建造一个游泳池和一个网球场。为了把石块的挖掘量降到最低（否则工程量太大了），我把这块地做了比例模型：长6英尺，宽5英尺，高1.5英尺。我勾勒出地皮的实际轮廓，在不同的标高处挖两个地基：一个用来建造烧热水的锅炉房，另一个用来建造带干燥机的洗衣房和酒窖。房屋整体将建在4个标高上，客厅的天花板高度设计为12英尺。只在需要的地方挖地基，才能节省昂贵的挖掘费用。

制作模型是个绝佳的主意，我不仅可以准确地确定房子的位置，还可以考虑到游泳池和网球场的位置。

当然，错误是不可避免的。工程承包商把游泳池的深水区底部多挖了18英寸，但是我并不想改变原来设计的房屋走廊和前院的标高，所以重新填平了多挖的地方。所以我家的游泳池底部是周围游泳池中最牢固的，因为多铺了18英寸厚的水泥。

承担游泳池施工的工程承包商也高估了那些不熟练工人的能力。几年以后，我们发现工人们真的不了解管道接头的用处。他们没有采用专门的管道接头，而是用番茄汁罐头盒连接游泳池的排水管，然后在每个排水管连接处灌上大量水泥。六七年后，游泳池周围的地面开始下沉，我不得不用空气锤锤开水泥地面，然后才发现了番茄汁罐头盒的秘密。这个工程真是太糟糕了！所有的管道都需要更换。

[①] 美国演员。——译者注

我花了几年的闲暇时间才挖完两个地基的石头。尽管房屋、泳池、网球场都承包给了承包商，但是房子周围的挡土墙都是我自己修建的。

作为恩西诺的新住户，我加入了恩西诺商会，对于新居民来说，这样做是一种责任。后来我入选了理事会，这是一个活跃的组织，会定期召集30~40人举行会议。这对于这么小的社区来说确实挺不容易的。

在这个组织里，有人给我上了生动的一课。我得到了一个深刻的教训——关于颠覆性阴谋如何实施。这里当然不是指商会，而是指企图利用商会的团体。

当时，社区急需为男童子军、女童子军、妇女俱乐部和其他有意义的民间团体找一处房屋作为活动地点。为修建一座这样的房屋，社区成立了一个募捐委员会，我也是委员会的一员。我们用募捐的钱在巴尔伯亚（Balboa）大道上买了几块地皮。地皮位于文图拉（Ventura）大道北部，在山谷南侧的山脚附近。

现在，那里盖起了一座建筑物，名叫恩西诺社区大厦。

当时，我提议这个建筑物由社区里的人建造，因为社区里有很多熟悉合同、建筑及其他相关业务的能人，只需利用周末和零散时间，就可以把这个项目做起来，无须筹集更多的钱。令人遗憾的是，只有少数几个人赞成这个提议，大多数人并不赞成，因为这样会占用私人时间。

时机成熟后，在一次晚上召开的会议上，有人提议，如果这个建筑物起名为"世界和平大楼"，那么不论需要多少捐款，他们都可以捐赠。

"这可不行，"我说，"这是一个社区建筑物，只能提供给真正需要的团体使用。"

我的话音刚落，就引起了一阵骚动，大多数商会会员就我的意见拒绝表态。我对这个电影工业中心（社区中居住着很多知名演员）深表怀疑，他们可能想通过筹款事件向商会施压。

很庆幸的是，后来我去波士顿拜访了洛克希德公司的法律顾问罗伯特·普罗克特（Robert Proctor）。他是一个聪明且经验丰富的人，后来担任陆军航空队的领导亨利·阿诺德（H. H. Arnold，被誉为美国现代"空军之父"）将军的法律顾问。

"罗伯特，我感觉这里面有点奇怪，"我跟他说，"虽然我没有证据，但是那儿确实进行了一场激烈且充满情绪化的关于世界和平方面的争论。"

"哦，你想弄清楚是吗，凯利？"他回答我说，"我查一下那些人，看看他们都有什么样的背景关系。"

不久后，他打来电话并建议："凯利，不要再理会这件事了，别把自己置身于被起诉的险境中。"

这是一个善意的建议，要是筹集资金计划发起人把法院书记官请到会议上来，记录下我说的每件事，那么我还真有可能会被起诉。

很有趣的是，在这段时期邻居们口头上非常支持我。他们说：

"我们支持你。"

"你真棒。"

"坚持就是胜利。"

但是他们又告诉我："我在这里有一家商店。"

"我有一个木材厂。"

"我不敢跟这里的人对抗，这对我的生意没好处。"

我听到这些话被气得发疯，因为他们都认为筹钱的事不靠谱。最后，决议没有通过，再后来，我没有再次当选恩西诺商会的理事会成员，这件事也就彻底结束了。

在恩西诺，距离我们家西侧大约20英里处是一个尚没有被开发的牧场，我和奥尔西娅曾在那里放过马。房子盖好几年后，我们才有机会买下林德罗牧场（Lindero Ranch）。它位于丘陵地带，面积为226英亩，西侧的边界是一条小溪。"林德罗"一词代表界线或边界的意思，因为牧场位于以前西班牙赠予美国的那块土地的西北角。

我们在山顶盖了一座小房子，往西南方向可以看到太平洋，往其他方向可以看到连绵的山脉。

我少年时期的建筑经验在这时起了大作用，因为这个地方没有任何公共设施，我们不得不自己供水和供电。

我们自己建造的这座房子由混凝土、砖构成，面积大约为900平方英尺。大客厅正面的窗户为6英尺高，约30英尺宽，透过窗户可以看到美丽的风景。此外，还有一个大壁炉负责给整座建筑物供暖。

在供电方面，我们安装了一台小型发电机，用廉价的丙烷带动发电机运转，为炉具和冰箱供电。家里还有很多让人舒服的设备。

还有一个活是挖卫生池和安装水箱。这个活很复杂，具有挑战性，因为必须利用拖拉机和一个悬臂，把一个重1 000磅的水箱从山下吊到高于房屋的位置。起吊前，我仔细地计算了拖拉机和水箱间的倾斜角度，以免造成失误把整个水箱装置摔到山下，砸穿我的新房子。装好水箱后，通过风车把山脚下的水泵送到水箱里，我们就有了非常好的供水系统。

奥尔西娅和我一起打理整个牧场，她干的活一点不比我少，比如开拖拉机、照料马匹等。她开拖拉机的技术越来越娴熟，当我忙于工作时，她经常开拖拉机割草或耙干草。我们齐心协力，真的是非常有默契的伴侣。

我们种了 110 英亩燕麦，不仅自己动手耕地和耙地，还自己收获和捆干草。

奥尔西娅很喜欢动物，并说服我买了一群经过检疫的家畜。我们买了 20 头赫里福种食用牛。她喜欢保持这样的饲养规模，喜欢牧场的一切。我俩都很喜欢林德罗牧场，还把一头骨瘦如柴的小牛当成宠物，给它起名"勉强活"，等它长大变得强壮点后，又给它起名"牛坚强"。

有一天，我竟然忘记了奥尔西娅和我是地位平等的伴侣！我俩正在耙地，为种植燕麦做准备。我觉得她没有正确地操控 C-2 履带拖拉机，拉刹车闸、踩离合器时用力太猛。任何不规范的机械操作，我都无法忍受。于是，我用自认为最合理的操作去纠正她的动作。

"如果你不闭嘴，"她也生气了，"我会从你身上开过去。"说着，她就以 4 英里左右的时速向我开过来。我吓得赶紧放弃想法，让事态平静下来，然后她就接着耙地了。

我们最开心的事情就是骑着马在地里巡看庄稼。后来，我们又买了很多马放养在牧场里。最初买的那两匹马——"王子"和"麦克"，已经活了很长时间，都超过 27 岁了。当然，还没等到它们到那么大年龄，我们就不骑它们了。

尽管我和奥尔西娅一直很想要孩子，但是很遗憾，我俩没有孩子。不过我们情投意合，一起生活得非常快乐、幸福。

第六章
威利、阿米莉亚等飞行家

1935年8月，报纸头版刊登的头条新闻让全国人民都陷入悲痛之中。一位深受人们爱戴的著名幽默大师、哲学家和备受崇敬的勇敢的飞行先驱与世长辞。

《纽约世界电报》(New York World-Telegram)以横幅大标题报道："威尔·罗杰斯(Will Rogers)和波斯特在一次飞机事故中遇难。"下面还附上小标题："因发动机故障，飞机起飞后不久坠落，机上两名人员坠亡。"

《洛杉矶时报》(Los Angeles Times)的头版以大标题报道："罗杰斯和波斯特在北极因飞机失事遇难。"下面还附着小标题："起飞时，发动机发生故障，飞机坠入河里"，同时还有一则相关报道称"大雾引起的坠亡"。

威利·波斯特是我1933年加入洛克希德公司后最早认识的优秀飞行员之一。其实，早在1931年，他就和哈罗德·盖蒂(Harold Gatty)一起完成了一次环球飞行。1933年，他更是完成了一次具有挑战性的单人环球飞行。因此，他是第一个完成两次环球飞行的人。他两次环球飞行驾驶的都是洛克希德公司制造的"织女星"(Vega)飞机——著名的"温妮·梅"号(Winnie Mae)。威利曾是洛克希德的测试飞行员，他在俄克拉荷马州

（Oklahoma）油田当工人时失去了一只眼睛，从此他就戴上了黑眼罩，黑眼罩便成为大家识别他的一个标记。

为什么他只有一只眼睛却能飞行得这么好？他如何通过一只眼睛来获得深度知觉？也就是说，他如何凭一只眼睛判断物体之间的距离和位置关系？这对我们来说不可思议，但是他确实做到了，而且多次表现了他的英勇及优秀的飞行员素质。

我第一次遇见威利时，他正想尝试高空飞行，而且确信在平流层飞行是未来飞机飞行的趋势，因为平流层的空气阻力较小、顺风，飞机可以更快地飞行。

他说服了本迪克斯（Bendix）公司为他那架"织女星"飞机装备一台高压增压器。他不仅计划安装发动机增压系统，还计划穿上自己研发的飞行员增压服。这种增压服与深海潜水员的潜水服类似，有了它，他就可以在氧气稀薄的高空飞行了。他计划飞到40 000英尺的高空，以每小时400英里的速度，自西向东横穿整个美国。

为此，他想要在机身腹部安装一个特殊的滑橇，以便飞机起飞后，可以扔掉起落架，减少飞机的重量和提升空气动力性能。

那时，我和詹姆斯·盖希勒（总工程师助理）一起，研究可抛放的起落架、滑橇、空气进气孔以及如何让飞机获得更好性能。但是通过计算我发现，飞机水平飞行时，最大的巡航时速只能达到260英里。

下班后，威利和我穿过洛克希德工厂，来到我们经常聚会的尼尔药店。威利喜欢喝啤酒，而我通常选择雪莉酒。他反复提醒我，他会证明他的设想，使平均巡航时速超过400英里。可是当时我想尽一切办法才使飞机的平均巡航时速提升到接近300英里，而且再也无法提高了。

"凯利，"他信誓旦旦地说，"如果我以平均400英里的时速飞行成功，你得给我买一箱威士忌；如果你赢了，我给你买一把20英寸长的计算尺，换掉你现在那把12英寸长的尺子，那样你就可以更好地计算了。"

我没有拿到计算尺，他也没有完成跨越美国的飞行。

他尝试了3次，如果你们认为一两次失败就会打消他的念头，那他就不是威利了。他从伯班克机场起飞，然后在跑道尽头抛掉起落架，但是飞机升空不久，他就感到发动机出了问题，只好通过滑橇在没有跑道的地方强迫着陆。他在莫哈韦沙漠（Mojave Desert）的干涸湖区着陆，那是一个还不错的紧急着陆场地。这次迫降，威利使出了他作为飞行员所具备的所有技能和深度知觉能力。还有一次，他飞到克利夫兰（Cleveland），在30 000英尺的高空，飞机的平均巡航时速达到253英里，但是必须再次迫降。原因是如果发动机不超负荷运转，飞机就达不到最大功率。

但是他的计划是一个非常好的计划。如果发动机能够满足要求，他就能实现梦想，脱颖而出，成为领先的飞行员，因为那时还没有人能打破那项纪录。他驾驶的是一架外形比"猎户座"干净利落的飞机。那是洛克希德公司生产的最后一种老式胶合板飞机，是当时最快的民用飞机，最高时速可达到226英里，快于当时的一些军用飞机。威利驾驶的飞机机翼很薄，机身很轻，没有起落架装置，发动机更强劲，巡航高度也提高了一倍——在空气稀薄层，飞行阻力小。

威利还制订了另一种方案：改装"猎户座"飞机，把洛克希德生产的"天狼星"（Sirius）飞机的机翼安装到"猎户座"飞机上，再配上浮筒，以便在水上降落。他和朋友威尔·罗杰斯计划到加拿大的育空（Yukon）、西北地区（Northwest Territories）和美国的阿拉斯加旅行，到那里打猎，度过一个悠闲的假期。波斯特持有西伯利亚的护照，所以大家都说他们会驾驶飞机环游世界。

但是威利还是给那架飞机安装了当时能找到的最大发动机和最大螺旋桨，并且更换了一个不同的变速箱。

"威利，你最好当心这个。"针对他做的这些改进，我提醒他说。盖希勒也警告他说："那么做，你的飞机可能会失去平衡，螺旋桨太大使机头过重。"

"我会处理好的，我会处理好的。"威利反驳道。

我坚持我的看法，盖希勒也是如此。

"起飞时，你就会遇到麻烦，"我竭力说服他，"因为我怀疑飞机的升降舵动力不足，无法让机头抬起。"

但是他的飞机获得了民航管理局的认证，他飞走了。

起飞时，他加大马力努力抬起机头，机头摇晃着，机尾飘浮起来，最后飞机弹到了空中，他成功飞起来了。

他和威尔·罗杰斯最后一次起飞时，能见度非常差，我甚至怀疑他是否看得清地平线。在这种情况下，飞行员会找不到参考基准，搞不清飞机的迎角有多大。如果在迎角过大时拉起飞机，飞机会失速，或者造成发动机失灵……

威利是一位很难得的优秀飞行员，克服了许多障碍。他和罗杰斯在飞机失事前，曾一起飞遍阿拉斯加最北端的许多地方，深入北极圈 300 英里。据报道，他们 3 小时前还在因纽特人的营地修理抖动的发动机，但后来起飞时，发动机再次失灵，坠毁在冻原上。威利的手表永远停在了那天晚上 8 时 18 分的位置。一位因纽特人跑了 15 英里到巴罗角（Point Barrow），报告了这场悲剧。著名的无人区飞行员乔·克罗森（Joe Crosson）将他们的遗体运回了费尔班克斯（Fairbanks），然后泛美航空公司的董事查尔斯·林白上校亲自指挥把他们运回故乡。

1937 年的另一天，报纸的头条新闻又传来了噩耗——阿米莉亚·埃尔哈特在环球飞行时失踪了。

《纽约先驱论坛报》（*New York Herald Tribune*）报道："阿米莉亚·埃尔哈特女士在太平洋上空消失。飞机只剩下半小时的燃料，看不见陆地，她发出信号，然后消失……"《纽约先驱论坛报》首页的 4 个版块上分别刊登了阿米莉亚的照片、失踪时所处位置的地图、她最后发回的电讯稿和相关新闻报道。

《洛杉矶时报》报道的大标题是："阿米莉亚·埃尔哈特女士在太平洋上空失踪，无线电传来微弱的 SOS 信号"。该报还报道："海上和空中搜救队已经出发寻找其踪迹。"同年 7 月 3 日，根据对阿米莉亚失踪原因的推测，该报又在头版报道："军队撤回后，苏日之间的紧张关系得到缓和。"将救援工作与政局联系起来，令人哭笑不得。

阿米莉亚是美国当时最有名的女飞行员，她和她的领航员费雷德·努南（Fred Noonan）上尉在太平洋标准时间 7 月 2 日上午 11 时 12 分发出最后的无线电信号。第二天凌晨 1 点，洛杉矶的一位业余无线电爱好者接收到这个微弱的信号，之后他们就杳无音信了。于是，一艘轮船被派到几百英里外的地区进行搜救。

用埃尔哈特的话说，她最初进行环地球飞行"完全出于好玩"，但是那天对于她来说，却是一个终点。

在我认识阿米莉亚之前，她在飞行领域已经很有名气了。她是第一位飞越大西洋的女性：1928 年，以乘客身份飞过大西洋；1932 年，单独驾驶飞机飞越大西洋。她也是第一位飞越太平洋的女性：1935年，她从火奴鲁鲁（Honolulu）飞到加利福尼亚州的奥克兰（Oakland）。那年，她驾驶"织女星"飞机创造了3项令人钦佩的飞行纪录：从伯班克飞到墨西哥城，耗时13小时32分钟；首次从墨西哥城不间断飞行至新泽西州的纽瓦克（Newark），耗时14小时19分；一项女性横跨北美大陆的飞行纪录——从伯班克飞到纽瓦克，耗时13小时34分5秒。

1932年，她出版了《飞行乐见》(*The Fun of It*)一书，书中记录了她那次单独飞越大西洋的经历。"我心里很清楚，我飞行只是因为好玩。我选择飞越大西洋是因为我想这么做。我想用一种方式进行自我肯定，证明给我自己看，也证明给其他感兴趣的人看：女性完全有能力去做这件事。"而且这样做也有助于"将理论付诸实践……（朝着）高效飞行努力"。这位早期的女权论者写道："我希望并预言，女性经过这种努力分享给大家的东西，将多于她们过去得到的东西。"

我认识她时，她有一架洛克希德公司生产的10E型飞机。那架飞机是最初的"伊莱克特拉"，只是原来只有420马力的"黄蜂"（Wasps）发动机被功率较大的550马力"黄蜂"发动机代替。她的志向就是进行环球飞行。

那时，我和她在一起探索飞机环球飞行时怎样才能达到绝对最大里程。我们两人，一位是飞行员，一位是飞机设计师，一起对她的"伊莱克特拉"进行了各种参数的试飞，比如不同载重、不同平衡条件、不同发动机功率设置和不同高度。

我们有一台可以分析废气的检测设备——剑桥分析仪。我们反复使用这台设备，重设油气混合比，使发动机达到贫油状态，以得到每加仑燃油可以飞行的最大里程。阿米莉亚也学会了这种方法。她还接受了另一位在航空领域经验丰富的著名竞赛飞行员保罗·曼茨（Paul Mantz）的建议，在飞机上安装了油箱、仪器和其他几种特殊装置。

她最初计划往西进行环球飞行。1937年2月17日，我给她写了一封信，列出了最初6段长距离飞行的建议载油量。

信的内容是这样的：

> 亲爱的埃尔哈特小姐，下面推荐的载油量是你这次飞行需要注意的。你可以根据飞行过程中的实际燃油消耗结果来更改这些数值。这些载油量是我和保罗·曼茨经过讨论决定的建议值，已经考虑了25%的偏差（假设风速为零）。

然后我在信中列出了飞行距离、载油量以及从旧金山到纳塔尔（Natal）每段航线的飞机总重量。

> 飞机起飞时，借助发动机的起飞功率，将襟翼偏转10~30度，可以缩短约20%起飞滑跑距离。如果跑道标准、比较平整，长度为3 000英尺，且飞机载荷较大时，建议使用襟翼；如果飞机载荷为14 000磅，跑道长度为2 000英尺，则不建议使用襟翼，也无须使用襟翼。使用襟翼的最大危险是：开始滑跑时和起飞后收起襟翼时，方向控制能力降低。为了防止收襟翼时飞行高度降低，只有飞行时速达到120英里以上，才可以收起襟翼。
>
> 如果跑道崎岖不平，起落架在起飞过程中一定会受到激烈的碰撞，这时可以稍微将襟翼放下一些（偏转15度）。
>
> 在所有起飞过程中，为了得到最好的起飞效果，飞机尾部应抬起，保持接近水平位置。只有确定飞机安全了，才可

女飞行员阿米莉亚·埃尔哈特（右）正在与凯利·约翰逊（左）讨论飞行细节。他们的身后是阿米莉亚的"伊莱克特拉"，它是洛克希德公司生产的第一架全金属飞机

以将飞机拉离地面，以减轻起落架上的载荷。离开地面后，开始爬升前，要保持低空飞行，直到获得好的剩余速度。这个过程最好能利用地面效应来应对起飞升力和阻力的影响。

如果飞机放下襟翼起飞，离地后应该尽快收起起落架，并再带着向下偏转的襟翼，爬升到安全高度，保持水平飞行，并加速到时速 120 英里。保持空速[1]在每小时 100 英里或者更大时，收回襟翼。完全收起襟翼后，用正常的功率爬升。

以上介绍的过程比较复杂，所以除非必须，我们建议你最好不使用襟翼起飞。

你最忠实的朋友，克拉伦斯·伦纳德·约翰逊

---

[1] 空速（air speed）是指飞行器相对于空气的速度。——译者注

第六章 威利、阿米莉亚等飞行家

在她尝试的第一次环球飞行中，飞机在夏威夷着陆时，发生了地转，弄坏了起落架，所以她不得不用船把飞机运回工厂。关于如何防止飞机在着陆时打转，我们进行了多次讨论，后来再也没有发生过这种事故。

但是她第二次尝试环球飞行时，却改变了方向，向东飞去。我不知道这是什么原因，可能她认为往东飞行更顺风。她几乎就要成功了。她于 5 月 30 日离开奥克兰，横跨美国本土到达迈阿密，然后飞到波多黎各，沿着海岸线飞到巴西，接着飞越大西洋到达非洲、印度、澳大利亚、新几内亚的莱城（Lae），接着便是最后一站。其中最长的一段飞行是从莱城飞到豪兰岛（Howland），然后是火奴鲁鲁，最后返回奥克兰。

埃尔哈特和努南要想方设法从辽阔的太平洋里找到豪兰岛，因为那是一座非常小的岛屿，只有 1.5～2 英里长，而且只高出海平面约 2 英尺。尽管弗雷德·努南是一名非常优秀的领航员，但是从美国海军和其他人记录的无线电通话来看，那天的天空布满乌云，他们无法降低飞行高度来寻找地标，而且所处的高度又不足以根据太阳位置来校正导航参数，因为要飞到 20 000 英尺以上才能见到太阳。

他们在空中停留了 23 个小时。我知道，那是飞机上的燃料能维持的最长时间。发出 SOS 信号时，他们不知道自己所处的位置。美国海军顺着信号进行了大规模的搜救，但是最终还是没有找到他们。飞机上有为他们俩准备的橡皮艇，而且如果飞机没有受损，可以借助空油箱漂浮起来。我确信，他们肯定试图弃机，但没能逃脱出来。

当时还有人猜测埃尔哈特正在执行侦察任务：飞到日本上空，拍摄日本的军事设施和部署。我怀疑这种说法。据我所知，埃尔哈特的唯一一部相机是布朗尼牌相机，而且飞机上也没有设置允许航空摄影的开口。

当然，这也说明埃尔哈特是一位贫穷的飞行员。我认识的她非常优秀：通情达理，做事专心，对他人无微不至，悉心听取别人意见。在个人魅力方面，埃尔哈特为人善良、温和，言谈举止非常轻柔，大家都称她为"女林白"。埃尔哈特不仅是一名善良的女性，也是一名优秀飞行员，我真的非常敬佩她。

查尔斯·金斯福德-史密斯爵士是澳大利亚人，是我熟悉的另一位飞行员。我曾和他紧密工作过一段时间，工作内容与我和埃尔哈特一起工作时一样。我们一起研究他从洛克希德公司购买的"牵牛星"（Altair）飞机，探讨如何才能使每加仑燃料飞出最大里程。1934年，他在澳大利亚和国际上创造了最远飞行纪录——从奥克兰飞到布里斯班（Brisbane）。1935年，他计划从英国飞到澳大利亚。我们一起为这项飞行计划做准备。

他那架小型"牵牛星"飞机的机身腹部没有可以安放检测仪器的开口，所以我必须站在后座舱里把一个类似空速"炸弹"的拖拽物吊在下面。这是一个很重的铅锤，装有空速管，可以测算空速。我们把它吊在飞机下面大约100英尺的地方，使它处于飞机的尾流之外。这个仪器的读数非常精准。我们从伯班克出发飞到太平洋上空，进行了多次飞行试验，校准空速表和确定飞行最大航程所需的最优操作细节。

1935年的11月6日，他和副驾驶兼领航员托马斯·派斯布里奇（Thomas Pethybridge）从伦敦出发飞往悉尼。11月8日，他们在飞往新加坡的航线上失去踪迹。我们推断，他们在低空飞行时撞上了峭壁或山峰，飞机虽然受到损坏，但是可能继续飞行了一段距离。

在太平洋里，人们找到了一个机轮和轮胎，却没有看到飞机和机内的飞行员。这对于航空界来说又是一个损失，对我个人而言亦是如此。几年后，我收到澳大利亚皇家航空学会颁发的奖项，它表彰我和金斯福德－史密斯一起为航空事业做出的贡献。

罗斯科·特纳上校是一位身材不高，但穿戴十分讲究的人。他经常打着裹腿，穿着靴子或者穿一套剪裁得非常完美的衣服，戴着圆顶礼帽。这身打扮使他在早期飞行员队伍中最为醒目。第一次世界大战期间，他是美国陆军航空勤务队（Air Service）[①]的一名中尉，后来成为民间空中巡逻队（Civil Air Patrol）的一名军官，曾获得飞行优异十字勋章。他不仅获得过汤普森奖（Thompson Trophy）和哈蒙奖（Harmon Trophy），是本迪克斯及国家航空竞赛的冠军，还是一位飞行表演家和特技飞行员。他常带着他的吉祥物——一头名叫吉尔摩（Gilmore）的狮子，驾驶着他的"空中快车"（Air Express）到我们工厂。

在吉尔摩还很小时，他就收养了它，并用赞助商吉尔摩石油公司的名字给小狮子起了名。吉尔摩曾经是一头非常乖巧的狮子，经常在工厂里溜达，但是随着它慢慢长大，它变得越来越危险，成了令人害怕的庞然大物。它那时肯定有几百磅重了，所以特纳上校参观工厂时会把它拴在链子上。但是有一次，它挣脱了链子，还没等特纳抓住它，它已经追着奥尔西娅来到公司大楼的二楼主办公区。吉尔摩不过只是想跟奥尔西娅玩一下，但是它足足有400磅重！

[①] 航空勤务队是美国陆军航空队的旧称（1918年5月24日—1926年7月2日）。——译者注

其他经常来我们工厂的早期飞行员还有：查尔斯·林白和安妮·林白（Anne Lindbergh）、劳拉·英戈尔斯（Laura Ingalls）和鲁思·尼克尔斯（Ruth Nichols）。那时工厂还没有涉及保密问题，飞机所有者和参观人员都可以直接进入。

除了阿米莉亚外，劳拉·英戈尔斯是另一位与我一同工作过的女飞行员。这两位女士的相似之处很多。劳拉驾驶的是一架"猎户座"飞机，它的翼尖安装了油箱和其他改良设备，那是为横跨美国和创造新的速度、距离纪录而准备的。1935年，她创造了上述两项纪录。她还有一架洛克希德公司生产的"空中快车"，一年前，她曾单独驾驶这架飞机飞行了17 000英里，抵达南美，这是当时女性创造的最远航程纪录。她也是第一位绕南美洲大陆飞行和飞越安第斯山脉（Andes）的女性。我和奥尔西娅居住在伯班克的乡村俱乐部大道时，她是我们的邻居。我和劳拉一起为她的"猎户座"飞机做了不少改进工作。

劳拉是一个对细节要求很高的人，常常会花费大量时间在工厂里检查飞机。但是她有一个很恼人的习惯——经常盘问机械师一些关于飞机性能的问题，而且问个没完没了，还会问我如何更换火花塞。她会就每件事反复向所有人求证。

1933年，查尔斯·林白上校驾驶着洛克希德公司早期生产的"天狼星"飞机（改装后增加了浮筒），为泛美航空公司考察早期的北极圈航线。我并没有和他一起研究他的飞机，那是同事詹姆斯·盖希勒负责的项目，直到几年后，我才与林白有了接触。

林白去北极圈考察时遭遇到了恶劣的飞行天气——大雾、结冰，天气非常糟糕。湖面结了冰，飞机在上面着陆会非常危险，他不得不在大洋上降落。这次考察，并没有给泛美航空公司提供可以立即使用的通往北极圈的商用航线，但是激发他的夫人安妮·林白写了一本书——《向北飞往东方》(North to the Orient)。

许多年以后，我、奥尔西娅及林白夫妇都参加了在贝弗利山市（Beverly Hills）举办的一次宴会。用餐时，安妮·林白恰巧就坐在我的旁边。她是一位非常严肃的作家和敏感的诗人，也非常关心和支持航空事业。我们就共同的飞行爱好侃侃而谈，包括他们乘坐洛克希德公司制造的水上飞机在长途飞行中发生的事故。后来，话题转到了人生中真正重要的事情，我把自己的观点告诉了她，她非常赞同。如果读者感兴趣，我很愿意分享自己的观点。我认为人生中重要的事情是：

1. 信仰。当你处于困境中、罹患疾病或者面临危险，不确定是否可以渡过难关时，信仰便是支持你的最重要信念之一。

2. 健康。如果一个人没有健康，就不会真正地快乐。所以，健康对我的人生当然非常重要。

3. 目标。人生必须要有目标，做自己想做的事情，并且把它做好。你的目标会为你提供很多必需品——安全、财富和其他各种回报。

4. 有一位爱你和理解你的妻子或者丈夫。

5. 得到那些向你提供工作和为你工作的人的尊重。

以上这些就是我的人生处世哲学，能获得像安妮·林白这样了不起的人的赞同，我感到很荣幸。

第七章
一系列飞机

洛克希德公司最早推出的"伊莱克特拉"后来衍生出一系列双垂直尾翼民用运输机。首先是 12 型飞机、14 型飞机，然后是高级试验型 XC-35 飞机，后者曾为美国陆军航空队在高空飞行领域赢得了科利尔奖（Collier Trophy）。14 型飞机是第二次世界大战期间洛克希德公司提供的第一种飞机。

"伊莱克特拉"是一种非常成功的飞机，在民用航空公司、军队以及私人客户的使用中，都有杰出表现。

这种飞机设计得非常舒适，机舱过道两侧可各容纳 5 名乘客，正、副驾驶员的座舱也非常宽敞。这种飞机是美国生产的第一种全金属飞机，巡航速度也非常快，可以达到每小时 190 英里。

"伊莱克特拉"衍生的第一种飞机是一种较小的改型——"小伊莱克特拉"，也称 12 型飞机。它可以满足一些客户的需求，他们不需要"伊莱克特拉"那么好的性能和运输能力，也不必为此付出更多无法承受的费用。这种小型飞机一次只能载 6 位乘客，巡航速度比"伊莱克特拉"快一些，可以达到每小时 206 英里，售价为 40 000 美元，造价约为 10 000 美元。自 1934 年推出以来，这种飞机多次创造了运输机飞行速度的新世界纪录。1942

年，12 型飞机停产，因为工厂要生产军用飞机。

在这之后，"伊莱克特拉"又衍生出 14 型"超级伊莱克特拉"飞机，这种飞机集合了最新的设计理念并采用了最新的制造技术。1937 年首飞时，巡航速度达到了每小时 237 英里，最高时速甚至达到 257 英里，所以这种飞机是当时美国所有民用运输机中飞得最快的飞机。它从洛杉矶飞到纽约仅用了 4 个小时，打破了 DC-3 运输机创造的飞行时间纪录。

这种飞机安装了最新型的"莱特飓风"（Wright Cyclone）系列发动机，使用了当时最新和强度最高的铝合金材料，窗户也采用了新型的有机玻璃。14 型飞机集合了两种创新：一种是洛克希德 - 富勒襟翼（Lockheed-Fowler flap），它可以大幅度增加起飞或着陆时的机翼面积；另一种是引导气流流向的矩形翼缝，这种翼缝和信箱开口很像，所以也被称为"信箱式开缝"（letterbox slot）。

"伊莱克特拉"衍生的第三种飞机是美国陆军航空队秘密研制的 XC-35 飞机，这是世界上第一种成功在气密式亚平流层飞行的飞机。

1935 年，威利·波斯特研究了增压飞行服，并给飞机安装增压式发动机。他的研究证明了人类和机器可以在距离地面 30 000 英尺以上的高空飞行。

第二年，美国陆军航空队与洛克希德公司签署了一份合同，委托洛克希德公司改进"伊莱克特拉"的机舱，使飞机内外的压差控制在每平方英寸 10 磅。为了提高机舱的强度，需要给飞机增重 1 486 磅。XC-35 飞机试飞成功后，于 1937 年交付给陆军航空队使用。这种飞机在那一年获得了专门表彰航空发展中的突出贡献的科利尔奖。

我的高空飞行经验最开始来自威利·波斯特，但是最早把我的注意力引入这一领域的是"伊莱克特拉"的飞行测试员，即我们的首席试飞员马歇尔·黑德尔先生。那时，巴西政府购买了XC-35飞机，并且要求我们一定要向他们展示飞机能够爬升到23 000英尺的高度。他们要看到飞行表演，而不仅仅是一名飞行测试工程师或试飞员的口头承诺。他们要求我们飞到这一高度后，用密封式气压计（一种自动记录气压的仪器）记录下气压。

　　那时，流行这样一种说法：在高空时，不要吸入超过身体所需的氧气，否则会有氧气中毒的危险。当然，我们也相信了，我们两人不得不用烟嘴接到氧气管道上吸氧气。我们一共飞了3次，才到达指定高度。头两次，我们不断爬升，但是都没有成功。最后一次，我们改变了空速和其他一些因素，才最终达到了指定高度。

　　但是着陆后，我感觉特别不舒服，只得让其他人开车把我送回家。一回到家，我径直倒在了床上，其实当时我是一直控制着自己才没有倒下。这次我真的病了。这是一次非常可怕的经历，但是激发了我对氧气系统、增压服和增压舱的工作兴趣，而且这种兴趣从那时起一直持续到现在。那次飞行也让我对威利等早期飞行测试员充满了敬意，因为他们的早期工作为后来的发展创造了许多可能。

　　那时，我们的测试设备像烟嘴氧气系统一样原始，但还是挺好用的。在12A型飞机的飞行测试中，为了测定尾轮的阻力，我在飞机尾轮和前面的支柱上安装了一台在鱼市上买到的标准秤，一旦受力，秤上面的指针就会移动，我们就可以记录下阻力了。这种测试表明，当阻力不大时，无须安装可收放起落架。

　　我最不能忘记的一次飞行是14型飞机的首飞。马歇尔·黑德尔先生是这架飞机的飞行员，我是飞行工程师。我们一起为这架飞机设计了新襟翼，并进行了其他许多改进。这是一次重要的飞行，因为那时还没有人成功地把富勒襟翼安装在民用飞机上。富勒襟翼与普通襟翼不同：普通襟翼放下后，只起到减速板的作用；而富勒襟翼从机翼处向后滑动，从而有效增加机翼面积，加大的机翼面积有利于控制飞机的着陆和起飞，襟翼收起后，机翼面积变小，有助于飞机加速。

那时洛克希德公司还没有自己的风洞，于是我到帕萨迪纳市（Pasadena）的加州理工学院进行了多次风洞试验。洛克希德公司和另外6家航空公司都在那里租用风洞。我为在14型飞机上安装洛克希德-富勒襟翼制定了设计条件，因为我确信自己对这种襟翼有些了解。

我们的飞机在工厂后面的旧跑道上起飞了。当飞到所需高度时，我们开始放下襟翼，首次测试它的性能。这时，飞机突然发出"砰"的一声响，原来飞机的液压系统出了故障：襟翼全部放下后，却无法收回。虽然不是严重的故障，但在那时是很危险的。我们尝试各种不同的方法让飞机回到地面，但我们发现，飞机飞得越慢，襟翼回收就越厉害。这种情况对飞机着陆非常不利，至少对于我们在那条长度有限的跑道上着陆很不安全。

幸好，我突然想起，如果襟翼偏转到大约20%的开度，襟翼滑轨上有个弯头，会卡住襟翼。所以我们没有管襟翼，继续准备着陆。我们开始减速，当襟翼偏转20%时，就卡住不动了，飞机最终安全着陆。现在洛克希德公司生产的大多数飞机的液压系统都和其他重要系统一样具有三余度或者四余度。

在14型飞机的测试过程中，我还学到了一课：做事不要超越自己的职权范围。那时，我们有很多工作要做，而我又想把这些工作都处理好。一个星期天,我没有找到首席飞行员黑德尔,就去找另一位飞行员麦克劳德(McCloud),劝说他试飞14型飞机,而我作为飞行工程师和他一起。麦克劳德当时虽然获得了飞行执照,但还没有通过驾驶这种飞机的考核。

我没有飞行执照,但是非常了解如何驾驶这架飞机,因为从首飞到各种试飞,我都参加了。我向麦克劳德提供了起飞速度、操控襟翼的方法和发动机功率。如果一切进展顺利,不会有人知道这次不符合规定的飞行。

飞机起飞得还算顺利。我告诉他着陆的方法:上扬机尾,放下前面的起落架,然后下沉机尾。着陆也很顺利,我们在跑道上滑行了800~1 000英尺,但是飞机突然向右偏离跑道,最后横着停下来。我透过我这侧的机舱向外面看:主起落架的支柱穿透了右机翼!天啊,我想,我不合规地用了一位没有通过考核的飞行员,还损毁了这架飞机,我要被辞退了。

然而,检查员发现,起落架上本应该安装6个螺栓,实际上只安装了3个,但是当时检查部门也签字认为这种情况合格了。麦克劳德和我躲过一劫,没被辞退。

那时,一件非常、非常危险的事情就是机身结冰,因为只有少数飞机可以给汽化器提供足够的热气,防止结冰。如果汽化器结冰,发动机就会损耗大量功率,即便发动机不彻底熄火,那也会带来实实在在的麻烦。

我们第一次给14型飞机安装的汽化器是我们刚拿到的经过改进的钱德勒-埃文斯(Chandler-Evans)不结冰汽化器。我们把它安装在飞机上。幸好,我们并不完全依赖它。

飞机安装汽化器后,必须通过结冰条件下的性能测试。只有测试通过了,才能获得民用航空管理局(现在的美国联邦航空局）颁发的合格证。当地民用航空管理局的检查员莱斯特·胡楼贝克（Lester Holoubek）和我们一起参与试飞，查看这种新研制的汽化器在飞机上的工作情况。那次试飞是在曼斯基地进行的。我们的飞机已经穿过约 3 000 英尺高的厚云层，然后继续上升了 1 000 英尺，到达没有云层的地带。此时，左侧发动机突然发生喘振，然后就熄火了，没过多久，右侧发动机的转速也慢了下来，很明显，右侧发动机也要不行了。

那种情况真的很吓人，尤其是我们根本看不到机场，降低飞行高度着陆过程中还要穿过那层 3 000 英尺高的冰云层，飞机上还坐着民用航空管理局的检查员。但是我们并没有完全依赖那个新安装的汽化器，飞机上还备有酒精喷射泵。在下降到 1 500 英尺之前，我们开启了一个手动的小型酒精喷射泵，快速缓解了结冰现象，发动机又开始正常运转了，我们驾驶飞机穿出厚云层，然后着陆。飞机上安装的不结冰汽化器存在问题，民用航空管理局的检查员也做出了正确决定：如果飞机仍使用这种汽化器，必须在结冰条件下进行更多的飞行试验。

后来，事情变得更加复杂。因为西北航空公司的一架 14 型飞机在从西雅图飞往明尼阿波里斯圣保罗都会区（Minneapolis-St. Paul）途中遭遇了结冰天气，最后在蒙大拿州的博兹曼（Bozeman）附近坠毁。飞机失事的原因当然不是马上查明的。我也是调查小组中的一员，前去查看了飞机残骸。

比较明显的是，两个垂直尾翼不在飞机上，已经不知去向了。没有尾翼，飞机肯定会失去平衡，在非常不稳定的状况下飞行，失事不可避免。地面上的雪很厚，我们接受提议到博兹曼滑雪俱乐部寻找丢失的尾翼零部件，我甚至也穿上滑雪板加入寻找队伍中。我的滑雪本领得益于童年时代在密歇根北部的滑雪经历。

尾翼找到后被带回事故调查中心，可是方向舵已经完全找不到了，只有方向舵调整片还悬挂着，铰链线后面什么也没有。

民用航空管理局立即要求所有垂直尾翼上的垂直安定面和下边的水平安定面都要安装铅配重，以及进行其他一些特别改进。

但是我觉得我们似乎忽略了什么东西，于是我检查了调整片的滚珠轴承。当方向舵向左或向右转动时，滚珠轴承可以使调整片处于正确位置，但是轴承断裂了，滚珠不见了，整个轴承中心内圈（滚珠轴承移动轨道）也失踪了。调整片（尾翼方向舵可移动的机翼后缘）也没有找到。

回到工厂，我说服了希巴德和其他人对全尺寸垂直尾翼进行一次风洞试验，以便找出垂直尾翼在何种情况下会颤振。1939年，洛克希德公司建立了自己的风洞，是私人企业中第一个拥有高级风洞的公司。但是那次，我们使用的是加州理工学院的古根海姆（Guggenheim）风洞。那个风洞由著名的西奥多·冯·卡门（Theodore von Kármán）博士和克拉克·B. 米利肯（Clark B. Millikan）博士负责管理。测试段是一个直径为10英尺的圆筒。很明显，在空间有限的古根海姆风洞里装卸模型非常困难，但是这个风洞能提供远超西北航空公司飞机巡航失事时的速度。

不论我们怎么试，尾翼在风洞里都没有发生颤振，但是当我们断开调整片，模拟那个受损的轴承，方向舵立刻从尾翼上被吹下来。我们毫不迟疑地按照民用航空管理局的要求，装上铅配重。但是我认为这次飞机事故实际上是人为造成的，生产线上或者航空公司检修车间里的技工在校正调整片设置时没有正确安装轴承，使轴承移动内圈产生裂缝。虽然当时没有完全损坏，但后来遇上恶劣天气，移动内圈损坏，立即导致尾翼发生猛烈的颤振。我们进行风洞试验时，模拟了这种条件，我从来没有见过这么剧烈的颤振。

为了达到民用航空管理局的要求，我们的飞机不得不在结冰和恶劣的天气情况下飞行 50 个小时，而且必须在西北航空公司飞机失事的那条航道上飞行。因此黑德尔、胡楼贝克和我飞到明尼苏达州。天气好时，我们就在陆地上待命，让其他人飞行；天气糟糕时，我们就起飞。

为了证明飞机的稳定性，我们飞进气流波动最剧烈的空中领域；为了证明新型不结冰汽化器的性能，我们在结冰最严重的条件下飞行。飞机的其他部件曾结上 2~4 英寸厚的冰，但是发动机依然保持运转。最兴奋的一次飞行是，我们仅仅用了 4 分钟的时间就使飞机积聚了很厚的冰层，但两台发动机仍在全速运转，表速显示空速为每小时 90 英里，着陆后，发动机还保持全速运转。

冰层积聚的速度如此快，这对航空动力学及操控方面产生了深刻影响，也让我印象非常深刻。于是，我受此激发，写下了我的第一篇技术论文。论文名为《翼载荷、结冰及其他与现代运输机设计相关的问题》(*Wing Loading, Icing and Associated Aspects of Modern Transport Design*)，发表在 1940 年 12 月的《航空科学杂志》(*Journal of the Aeronautical Sciences*)，希望他人读后可以受益。现在，我害怕的不再是结冰，而是冰雹。后来，洛克希德公司单独建立了一个结冰风洞，作为公司的另一个研究设施。没有经历过结冰的飞行员是无法想象那该死的冰层会引起多么可怕的飞行事故。

另一个我们必须测试的小部件是操纵钢索。操纵钢索绝对不能太松弛，因为一旦气温降低，松弛的操纵钢索会在一定条件下产生颤振。为了做这个试验，我们不得不测量升降舵操纵钢索的张力，测量时，必须移开厕所的马桶，手才能够到操纵钢索，然后穿过便池孔往下伸，系上张力计。这是胡楼贝克的工作，因为他是检查员。一天，他正在检查这个仪器，飞机遇上了特别大的阵风，发生了剧烈的颠簸，他便掉进便池孔里去了。当他大声地呼救，让大家把他拉出来的时候，我还能看见他的两只脚伸在便池孔外面。

14型飞机安装了新型的莱特飓风发动机。这种发动机的功率非常大，但居然也出现了问题。螺旋桨滑流中的内翼面积过大，因此开动发动机飞行时，机翼中部几乎不可能失速。所以一旦机翼发生失速，只会发生在靠近副翼的外翼末端，使用于横向操纵的后缘襟翼失去升力。如果一侧翼尖先于另一侧翼尖失速，结果就更可怕，飞机会发生猛烈横滚。

我们考虑了各种修改方案，包括改变机翼的外形，以便于控制飞机的局部失速。在风洞内，我们把几百束纱线粘在机翼上，然后进行试验，观察模拟飞行中形成的气流分离，也就是失速流谱。我们从中可以看出气流在何种情况下、何时产生分离。这不是我们第一次使用纱线来观察气流，但这是以往所有类似试验中最完整的一次。

在这次试验中，我们第一次使用了自动观察记录仪，把一整套记录仪与飞机各系统连接起来。其中的一台摄像机显示时间和记录空速、高度、滚转角速度等28种飞行参数。除此之外，还有两台摄像机与这台摄像机同步，分别拍摄发生失速时左右两侧机翼的图像。

这种测试是当时对特定飞机性能进行的最完备测试了。

后来，我也加入驾驶员的试验飞行中，在圣费尔南多山谷上空做了 550 次失速和掉落动作，共花费了几个月时间。这种生活很有趣。

但是要在风洞内做这些测试是不可能的，因为在风洞中，我们无法模拟螺旋桨的滑流效应，如果把电动机模型按比例缩小，装进合适尺寸的发动机短舱内，它们就不能产生真实测试所需的充足动力。因此，除了飞行试验，我们别无选择。

这次测试的结果产生了之前提到过的"信箱式开缝"技术：在机翼的下表面开设一条类似文氏管的窄缝，让气流从中流过，并使气流流经机翼上表面时获得远大于正常机翼这个地方的流速，而且它们是新鲜的空气，不是流过半个机翼、力量不足的气流。这样飞机的迎角会增大很多，大于任何翼型的迎角。当时，还有多种由德哈维兰（De Haviland）公司研制的非常有名的可缩进翼缝，但是我们发现那些翼缝太复杂，而且也很难维护。

我们设计的"信箱式开缝"是根据柯安达效应（Coanda effect）理论研制的。该效应是以罗马尼亚工程师柯安达的名字命名的。柯安达发现，如果对着一个弯曲面吹气，气流不会分散，而是很稳定地停留在曲面上。这一原理现在已被广泛应用于附面层控制。

对我个人而言，这是一段非常愉快的时期。1938 年，我晋升为洛克希德公司的总研究工程师。

当洛克希德公司的工程部开始扩大时，我从密歇根大学招聘了几名我认识的学生。首先是威利斯·霍金斯（Willis Hawkins），我在密歇根大学时，曾替斯托克教授修改过霍金斯的论文，非常了解他的学术能力。然后是鲁迪·索伦（Rudy Thoren）和约翰·马格沃斯（John Margwarth）。后来，比我早一年进入密歇根大学的卡尔·哈登（Carl Haddon）也加入了我们的团队。

整个工程部就像一个大学俱乐部。后来我在加州理工学院的夜校又结识了一批年轻工程师，菲尔·科尔曼（Phil Colman）就是从那里招聘的。此外，还有欧文·卡尔弗（Irv Culver）和E. O. 里克特（E. O. Richter），他们都是我开始担任总研究工程师时的忠实拥护者。

因为洛克希德-富勒襟翼的研究，我在1937年第一次获得工程师大奖——劳伦斯·斯普利奖（Lawrence Sperry Award），这是个表彰高速民用飞机设计领域的重大突破的奖项。

14型飞机上的两项主要改进——洛克希德-富勒襟翼和"信箱式开缝"，使这种飞机具有优异的操纵性能。从这种飞机在历史上起到的不可思议的作用来看，上述两项改进具有特别重要的意义。

第八章
战争和大批量生产

1938年,对于日益发展的洛克希德工厂里的我们来说,生活发生了很大改变。事实上,这一年,世界上每个人的生活都发生了改变。希特勒已经向欧洲进军。尽管英国的首相一再确保"我们的时代和平",但是英国军队发现战争已经不可避免。内维尔·张伯伦(Neville Chamberlain)率领那个声名狼藉的代表团去慕尼黑与希特勒谈判时,乘坐的是"伊莱克特拉"飞机。当时,这种飞机及后来衍生的两种民用机型都受到了普遍欢迎。

英国人仍然记得第一次世界大战带给他们的教训,认为一旦同德国开战,英国的航运一定会遭受灾难性损失。因此,在所有的装备中,他们最需要反潜艇巡逻机。1938年4月,他们派了一个订货团出使美国,计划购买一架教练机和一架海岸巡逻轰炸机。

开始时,英国代表团并没有计划到洛克希德工厂参观,但是在代表团到达加利福尼亚的5天前,洛克希德公司的领导就通过英国驻华盛顿的空军武馆发出的电报得知了这一消息。他们决定利用这次机会,做成这笔生意。我们那时生产的14型飞机的飞行速度非常快,大小也与英国要求的反潜艇巡逻机匹配,并且可以携带必需的装备。于是,我们立刻制造了一架全尺寸木质反潜艇样机。

肯尼思·史密斯（Kenneth Smith）当时担任罗伯特·格罗斯的销售代表。他详细研究了报纸上的代表团照片，然后记下每个人的名字。当代表团到达格伦代尔机场时，他迎上前去，向每位代表问好，然后邀请代表团到洛克希德工厂参观新制的样机。代表团当天就来到了工厂。

这架样机是按照我们对英国人可能需要的飞机类型的猜测制作的，但是他们参观工厂时，看到我们对这个项目充满热情，就向我们和盘托出了他们具体想要的飞机样子。他们参观的那天是星期五，工厂的各部门计划通力合作，利用周末时间改进飞机，并邀请英国代表团下周一再来工厂参观。我们还准备了介绍这架飞机性能的报告。他们再次参观工厂时，对我们公司留下了深刻的印象：如此小的公司却有这样积极进取的精神来解决他们的难题。后来，他们主动邀请我们去英国与他们的技术人员商讨。

罗伯特·格罗斯的弟弟考特兰特当时负责洛克希德公司的管理工作，由他率领人员去英国谈判。随行的3位人员分别是：公司从波士顿聘请来的律师罗伯特·普罗克特、销售副总经理卡尔·斯奎尔和我。我们乘坐"玛丽皇后"号（*Queen Mary*）轮船前往英国。路上考特兰特坚持认为这艘轮船的工作效率太低，而且一路上，他在心里把这艘船又重新设计一下。这听起来似乎是我常干的事，但是我想自己以前也确实这样干过。

在英国空军部，我们的投标演讲持续了约30分钟。我们犯了一个错误，样机上安放炸弹和鱼雷的方式是按照美国陆军航空队的方式设计的，即从机舱地板到机舱顶部都是堆架式安放。英国人却希望它们都放在炸弹舱里，同时希望安装他们自己的氧气系统和其他设备，因为这些东西可以在他们的工厂里买到。

他们还要求安装炮塔，以防飞机尾部受损，同时要求有前射机枪。当时美国还没有研制出那种力量很强、可以朝任意方向射击的炮塔。所有这些改动都会影响飞机的整体架构——重量、平衡和性能，这相当于要彻底地重新设计，不过我们在谈判现场就答应了。

会谈后，我们买了绘图板、丁字尺、三角板等绘图工具回到位于梅菲尔街的住处。我安装好新买来的工具，重新调整副驾驶员和无线电通讯员的位置，分析飞机的重量和结构，计算了合同价格，并且保证大多数设计都能满足英国军方提出的性能需求。

这时正赶上英国圣灵降临节的3天假期。我整整花了72小时进行重新设计，没有时间睡觉，实在困了就打一会儿盹。那几天，我累得不成样子，生活乱七八糟。

完成最终设计后，我倒在床上睡了一大觉。为了节约旅途经费，我和考特兰特先生同住一个房间。这是我持续工作72小时后第一次脱衣服睡觉。第二天我醒来时，发现他已把我的衬衫熨好，把我的鞋子擦得锃亮。当时我想，他作为公司的老板却愿意为员工做这些事情，真是太可敬了。很多我效劳的绅士们都具有这种体贴关心他人的风度和品德。

星期二，我们带着一份完整的新设计方案再次出现在英国空军部。英国人对我们在3天假期里所做的工作感到非常惊讶。经过我们和英国人一周时间的商讨，我们已经能够解决他们提出的大多数问题了。然而，他们有一个问题需要问考特兰特·格罗斯先生。英国空军参谋长、空军中将亚瑟·沃尔内（Arthur Virnay）爵士单独约见并询问了他。下面最好引用格罗斯的回忆：

格罗斯先生,我们非常喜欢你们的新方案,也非常愿意和洛克希德公司合作。但是另一方面,你必须理解,在我们这个国家里,对于这么一大笔交易,我们不习惯只凭约翰逊这么一位年轻技术人员的口头承诺。因此,为了把这买卖做下去,我不得不请您保证,实际上是确保:如果我们订货,那么购买到的飞机的各方面性能必须与约翰逊先生描述的一致。

考特兰特向这位空军中将保证,他和哥哥对我有"足够的信心",他们不会将洛克希德公司的信誉错付于人。那年我28岁,我认为自己已经到相当成熟的年龄了,考特兰特当时也只有36岁。

凯利·约翰逊的良师益友、公司的管理天才考特兰特·格罗斯先生。他与哥哥罗伯特一起改变了洛克希德公司的命运

几天后，6月23日，英国空军部与洛克希德公司签订了一份订单：按照样机制造200架飞机。那就是有名的"哈德逊"（Hudson）飞机，绰号"老回力镖"。之所以叫这个名字，是因为回力镖投出去后，如果打不准，经常会返回原处。这份订单后来其实不止200架飞机，到1939年12月，交货量最大达到了250架，这是美国当时接到的最大一笔飞机生产订单。

英国人不愿意我们通过跨越大西洋的电话与洛克希德工厂的领导商量关于设备和方案的事情，所以当我们带着那份与最初设计完全不同的飞机订单回到工厂时，希巴德、格罗斯及其他人都惊讶不已。

我们回去时乘坐的是德国"不来梅"号（Bremen）轮船，因为它的航行时间比"玛丽皇后"号更方便些，我们想早点回到公司开展工作。我们登船后放下东西还不到30分钟，就发现船上的酒吧、我们的舱位都被彻底搜查过了，原来德国人知道我们是谁了。好在我们的设计方案放在了"玛丽皇后"号船上的外交邮袋里。

我们在位于梅菲尔街的住所壁炉内烧毁了所有初步设计图，差点造成烟囱失火。烟囱里堆积多年的木炭烧起来像煤一样，带着烧着的碎纸大块大块地掉落下来。幸好壁炉通风良好，我们就当这是烟道清理了。然而，火势太猛，我们都吓坏了，赶紧跑到门外面，看到火苗蹿起很高。为了不引起周围人的注意，受到牵连，我们赶紧退房。当然，我们也不想支付失火造成的损失，也很庆幸没有造成任何损失。整段经历只持续15~20分钟，可是当时感觉好漫长。

接了这么大的一个订单，格罗斯兄弟这边需要拿出很大的勇气。1936年，公司在伯班克购买了一块更大的地皮，并于第二年开始扩建生产、管理和工程设施。工厂的总占地面积达到了 25 万平方英尺，员工增加到 2 500 人，净营运资本达到 65 万美元，公司的银行存款达到了大约 33.4 万美元。

在我们接到英国的订单之后，一位一直关注我们公司发展的年轻银行副总裁——小查尔斯·A. 巴克（Charles A. Barker）辞职加入了洛克希德公司，担任财务部的副总经理。他和格罗斯在很短时间内募集了 125 万美元。1939 年，洛克希德公司首次公开发售股票，公司市值为 300 万美元。第 250 架"哈德逊"飞机的生产完成时间比原计划提前了 7 个多星期。

当最初的 3 架"哈德逊"飞机交付使用时，我又去了英国，和他们一起进行飞行测试，帮助他们熟悉飞机的飞行操作，并向他们证明我们曾经保证过的飞机性能。我带着奥尔西娅一起乘坐"玛丽皇后"号轮船前往英国，她非常喜欢船上的生活。我们每天晚上都去跳舞，就像度假一样。到了伦敦，我工作时，她就在市内四处走走。后来，我去伦敦东北部的马特尔舍姆基地（Martlesham Heath）进行试飞，奥尔西娅就回美国了。马特尔舍姆基地是英国的试飞中心，相当于美国俄亥俄州的莱特–帕特森空军基地（Wright-Patterson Air Force Base）的试飞中心，我在那里待了 3 个月左右。

洛克希德公司的测试飞行员米洛·伯彻姆（Milo Burcham）也和我一起到达英国。至今我仍记忆犹新的是俯冲表演。我们希望最好是在晴朗的天气进行俯冲表演，但是等了十多天，乌云密布的空中才露出了几片蓝天。我们决定利用这次机会，在飞机装上经过校准的气压计以及与武器等重的货载之后，就开始起飞。也就在这时，天空再次布满了乌云。

"别管了，试一下吧。"米洛建议道。

第八章 战争和大批量生产 077

奥尔西娅·约翰逊(左)、凯利(右)与洛克希德公司员工一起乘坐"玛丽皇后"号邮轮赴英,计划向英国出售"哈德逊"轻型轰炸机。左图是洛克希德公司研制成功的首架海上巡逻机

我们爬升到特定高度后，便开足马力呼啸着向下，达到设计的俯冲速度并进入平飞。飞机飞得特别低，低到我还清楚地记得：飞机飞过一个村舍时，一个妇女从她家厨房带花的窗帘伸出头来观看我们。

当时我的想法是："窗帘真美啊！"

从起飞到着陆，我们一共用了8分钟。飞完之后，我俩都吓得有点发抖，但是走出飞机却假装若无其事，好像每天都这样飞行一样。

我被英国人非正式地征募进入英国皇家空军，帮助他们熟悉飞机的飞行。他们不愿意聘用美国飞行员，但任命我为飞行工程师，并要求我穿上英国皇家空军的蓝色飞行服。我不仅要教会他们如何操控发动机才能用最少的燃料飞出最远的距离，还要演示一些其他操作程序。

我最开始时要做的一项努力就是让英国人相信，我对自己所说的内容了如指掌。我想给他们展示一下起落架的操纵是多么的安全。飞机在地面时，起落架是不会被随意收起的，而当时其他大多数飞机的可收放起落架还达不到这样的水平。所以，当我坐在驾驶舱内进行地面检查时，第一件事就是抓住操纵柄让他们看看，这个手柄是抬不起来的，因为电磁开关控制着它向下。然而，我一扳却把操纵柄抬起来了，幸好起落架很重，才没有收回。我们只好重新调整，然后进行飞行试验，教会他们熟悉飞机的操控程序。我必须证明所有性能指标都达到我们之前的保证。

在试飞过程中，我第一次激动地体验了英国雷达系统的高效性。

"哈德逊"飞机的试飞计划由雷德·柯林斯（"Red" Collins）司令官负责，我和他一起飞行过很多次。他发现"铁麦克"（斯普利自动驾驶仪）是一项伟大的发明。一天，我们进行三机编队先导飞行，其中一架"哈德逊"飞机在我们飞机右翼 50 英尺处，另一架在左翼 50 英尺处。柯林斯用自动驾驶仪控制他的飞机，然后开始读起《泰晤士报》(*The Times*)。我真希望这个自动驾驶仪可以很好地根据设定进行飞行控制，确保这次飞行能顺利完成。我坐在副驾驶位置，继续做自己的事情——调整发动机内的油量，确保飞机飞出最大航程。

我们的目标是飞行 2 200 英里，验证飞机在中途不加油情况下的最大航程。所以，我们必须飞过整个大不列颠岛、爱尔兰和英吉利海峡，才能达到这个英里数。一切进展得都很顺利，但是当我们快要到达苏格兰时，我看到飞机的正前方有一些非常大的黑色雷暴云砧，飞机眼看就要飞进去了。而柯林斯司令官还在读他的报纸。

"看，雷德，"我打断他读报的兴致，"我认为我们的飞机千万不要卷到云砧里，不要惹这个大麻烦，您认为呢？"

"哦，天啊，当然不能。"他马上反应过来，抬起手断开自动驾驶仪，猛地将飞机转向左边。此时，一架"哈德逊"飞机从我们的上方飞过，我都能看到它排气管喷出的火焰，另一架从我们的下方飞过，这两架飞机都飞进了雷暴云砧中。我们没有飞进去，但是和他们失去了联系。

后来，通过地面雷达的帮助，3 架飞机重新聚到了一起。

我们完成了展示飞行，也读完了《泰晤士报》，然后返回基地。但是通过这次飞行，我见识了英国早期雷达系统的使用过程。后来，这种雷达系统在大不列颠保卫战中发挥了很大作用。地勤人员通过雷达定位我们 3 架飞机在雷暴云砧中的位置，指导我们恢复编队，并追踪了我们的整个飞行过程。

英国皇家空军充分地利用了"哈德逊"飞机。在敦刻尔克战役（Battle of Dunkirk）中，"哈德逊"飞机作为战斗机发挥了作用。在执行反潜艇巡逻的任务中，"哈德逊"飞机也是第一种俘获潜艇的飞机。那天，"哈德逊"飞机发现 U 型潜水艇露出水面，就将炮塔对准了它，直到一艘驱逐舰到达后，才飞离现场。

在美国生产自己的反潜机之前，我们不得不借回几架"哈德逊"飞机。美国加入第二次世界大战后，德国的"狼群"（Wolf Packs）潜水艇开始攻击位于东海岸 10 英里的美国油轮。连续几天几夜，油轮被打中着火。由于美国当时还没有反潜机，我们只能从英国借回了 19 架"哈德逊"飞机，并开始制造反潜机，以用于美国当时的防御。截至第二次世界大战的尾声，我们公司为英国、澳大利亚和美国一共制造了近 3 000 架"哈德逊"飞机。

事实上，"哈德逊"飞机是洛克希德公司的第一种迄今仍在生产的反潜机长线产品。海军早期的 PV-1 和 PV-2 飞机都是"北极星"（Lodestar）运输机的衍生品，而"北极星"是一种"加长"的"伊莱克特拉"。后来，一些新设计出现在反潜机上，反潜战已成为一门专业和尖端的科学。

针对 PV-2 飞机，出于需要（这也是开拓新技术的常用理由），我们对"高性能"螺旋桨做了一些开创性工作。在最初设计中，飞机发动机的功率特别大，我们没有找到合适直径的螺旋桨来利用这么大的功率。事实上，这需要一个直径为 17 英尺长的螺旋桨。这种螺旋桨旋转起来会砍进机身 1 英尺左右。这个方案不现实，因此我们重新设计。新的设计方案是将发动机短舱放在离机翼较远的地方，这样就可以安装合适直径的螺旋桨了。最后采用的螺旋桨直径是 10 英尺 6 英寸，这是我们能处理好这个配置的最大直径。

为了迅速解决 PV-2 上的这个问题，我请汉密尔顿标准公司（Hamilton Standard）把直径为 17 英尺的螺旋桨缩短至 10 英尺 6 英寸，然后测试它的运转情况。螺旋桨直径变短了，但桨叶片却变宽了，所以螺旋桨在缓慢转动时便可以驱动较大的排气量，解决了之前桨叶尖空气堆积的问题。

1936 至 1937 年，螺旋桨技术得到快速发展。当时我们也在进行可变桨距、全顺桨、恒速、反桨等方面的研究。

对于一名工程师来说，跟上先进技术的发展脚步一直都很重要。对于学习，很幸运，我还保持着当初在伊什珀明镇卡内基图书馆时的那股痴迷劲头。在早期那些年的一个暑假里，我把弗雷德·韦克（Fred Weick）的经典著作《飞机螺旋桨设计》（Aircraft Propeller Design）中的所有习题做了一遍。几年后的一个假期，我又把克莱德·E. 洛夫（Clyde E. Love）博士写的《微积分学》（Differential and Integral Calculus）中的每一道习题做了一遍，读大学的时候，我就已经做过一遍了。我决定要一直保持自己在数学方面的优势。我太喜欢那两个假期了，因为没有碌碌无为。

进入洛克希德公司后的许多年里，我都会参加每周三下午在加州理工学院举办的研讨班。这个研讨班由一些在校和来校访问的知名科学家和工程师主持。我还去上课，尤其是克拉克·B. 米利肯博士的课，他当时是加州理工学院航空系的主任。我想取得博士学位，而我之所以完成了所有正规课程涉及的各种作业，目的只是想了解自己的技术德语水平在我所从事的领域内是否合格。坦白地说，我真的没有时间去上技术德语课。

由于我们要持续进行风洞试验，很明显，我们需要有自己的风洞，而不是仅仅靠租用风洞设备。我说服公司投资 36 万美元建造风洞。公司高层坚信这对公司的研发很有帮助，而且必须支持我们为此做出的努力。

鉴于我在风洞工作中取得的经验，以及国家航空咨询委员会（National Advisory Committee for Aeronautics，NACA）的大力支持，我亲自承担了空气动力设计这一任务，并且安排手下最得力的工程师 E. O. 里克特负责绘制风洞结构图。我们把图纸拿出去招标。就风洞本身而言，光是周围风洞壁的建造就要花费 18.6 万美元，剩下的钱还要用于购买非常昂贵的设备、修建其他建筑和模型车间。

最后，我们建成了一座非常棒的亚声速风洞，它可以模拟 300 英里的飞行时速。容纳模型的测试段是一个长 12 英尺、宽 8 英尺的矩形。风洞内有一个非常有用的恒速螺旋桨系统，这个系统是独一无二的，虽然有时也出点小故障。在加州理工学院的风洞内，我们必须根据不同的迎角来调整风速，而我们的风洞有一台简单的电力控制驱动装置，它可以在模型位置变化的范围内保持风速。我们把这个设计方案卖给了其他 6 家公司，每套图纸要价仅 10 000 美元。

在我们进行第一次真机试验时，这座风洞就开始赚钱了，因为在设计下一种大型飞机（P-38 战斗机）时，我们就碰到了一种鲜为人知的现象——空气的压缩性。

第九章
进入陌生领域

20世纪30年代后期，美国才发现国家对战争毫无准备。实际上，洛克希德公司已经花了几年时间秘密为美国陆军航空队设计新型战斗机。当我把"哈德逊"飞机交付英国皇家空军，回到伯班克后，设计新型战斗机就成了我的首要工作任务。

美国军方对于新型战斗机的要求非常明确：要有两台液冷式发动机，且时速要达到367英里。我们通知军方，我们设计的飞机时速可以达到400英里以上，这个速度在当时遥遥领先。1937年，洛克希德公司收到一份制造这种飞机的合同。首架飞机于1938年7月开始生产，被命名为XP-38（X表示试验，P表示追击）①，首飞安排在1939年初。

有人说，这种飞机的样子非常与众不同，甚至有点可笑，但我不这么认为。每种设计都有一定原因，是一种合理的发展，重点是外形与功能相匹配。在设计中，为了解决非同寻常的问题，我们必须采用特殊的解决办法。

陆军航空队要求这种新型战斗机安装艾利逊（Allison）液冷式发动机，这就意味着还要安装一台普勒斯顿（Prestone）散热

---

① 本书中的XP-38、P-38都是同一种飞机。——译者注

器。发动机很长，我们必须使用通用电气（General Electric）生产的涡轮增压器；另外，起落架要收回到座舱内。这些东西都安装上后，就差不多排到该装尾翼的地方了。所以我们把发动机位置往后移了5英尺，然后安装上尾翼。这就是双发动机、双尾撑飞机，这种飞机后来又发展了18种改型。在第二次世界大战中，它们打破了很多纪录，并为飞机的设计发展做出了杰出贡献。

XP-38飞机使用了对转螺旋桨，这是我们为战斗机设计的一种新的重要特征。它消除了扭矩影响，也不会再将飞机拉向一侧。

这是第一架时速超过400英里的飞机。我知道我们将要进入一个陌生的飞行领域，会遇到很多以前没遇过的困难，那就是压缩性效应：当飞机高速飞行时，空气会堆积在飞机前面。1937年，在我们的提案中，我就曾警告过陆军航空队："……由于飞机的速度和飞行高度（越高，空气越稀薄）不断提高，必须要考虑空气的压缩性效应。"

当初次预计压缩性会产生麻烦时，我前往加州理工学院咨询了压缩性研究领域最著名的两位专家——冯·卡门博士和米利肯博士。我向他们介绍了自己的设计方案、我们将如何计算性能，以及如何评估飞机的稳定性和操纵性。

"我们不知道还有什么其他更好的方法，你们就这样去做吧。"他们听了我的介绍后赞同道。前不久，冯·卡门博士在意大利发表了一篇技术论文，评估了高速行驶下的压缩性，并预测压缩性会在机翼上产生冲击波，但是没有研究压缩性对飞机本身产生的影响。

一段时间后，我们真的遇到了压缩性难题。

陆军航空队的 XP-38 项目由本杰明·S. 凯尔西（Benjamin S. Kelsey）先生负责。他是位年轻的中尉，也是位飞行员，非常优秀。在那时，中尉级项目负责人拥有的权力比现在的四星将军还大。如果我们请本杰明做出某个决定，通常当场就能得到结果。

我们的飞机还没有上天就遇到了难题。当时为了保密，我们把飞机包起来，用卡车将其运往加利福尼亚州里弗赛德（Riverside）附近的陆军航空队的马琪基地（March Field），然后组装准备首飞。我们在首飞的前一天才收到飞机刹车，因为刹车首先要送到俄亥俄州代顿（Dayton）的莱特基地（Wright Field）进行检测，只有合格了，我们才能安装。我们已经预先给方向舵加了 500 磅的踏板力和采用常用的制动联动方式进行试验。

在一个阳光明媚的早晨，凯尔西启动了声音美妙的艾利逊发动机。他打算进行一次高速滑跑，于是加大速度，然后开始刹车，但飞机却没有减速。他使劲地踩了又踩，实际上他把昨天晚上测试可以承受 500 磅压力的踏板都踩弯了。庆幸的是，飞机终于在跑道尽头停了下来。

当我们把刹车拆开后，发现里面有一小块油垢，它是包刹车蹄片的浸油破布留下来的。由于这块油垢，刹车无法产生制动。我们解决了问题后，继续准备试飞。那时还没有现在这样严格的审查程序，无须委员会的检查，也无须评审手续，只要我们准备好了，就可以飞。第二天，XP-38 飞机进行了首飞。

这种飞机的设计有一个特点，就是安装了高升力的机动襟翼，这是第一次在战斗机上安装这种襟翼。它们是飞机设计的一个基础部分，所以必须正常工作。

凯尔西将襟翼偏度设置为几度，起飞非常成功，但是紧接着襟翼连杆断裂，所有襟翼都贴在机翼表面。凯尔西现在这样描述他当时的经历：

> 飞机刚起飞的时候产生了颤振。我向外看时，看到襟翼升到了后缘上方，所以赶紧收回襟翼。颤振总算停止了，但是我们被迫第一次不带任何襟翼偏度着陆，当时的感觉有点奇怪。

我们将装有真实襟翼和收放机械装置的全尺寸机翼放进了伯班克新建的风洞内。第一批试验便证明了风洞的价值，我们很快就找到了解决办法。在襟翼和机翼之间，有一条非常细的流线型气动间隙，它对气流中的任何小异样都特别敏感。所以我们在襟翼上方的整流罩钻了几个孔，使基本结构可以控制气流。气流稳定后，襟翼就不再产生颤振了。我们后来又生产了10 000架飞机，再也没有出现过襟翼颤振的现象。

后来在飞机研发过程中，我们终于遇到了压缩性问题。很多人当时都认为那是一种尾翼颤振现象，是由飞机非正规的双身布局引起的。凯尔西是我们的忠实支持者，坚持认为问题是由压缩性引起的，因为这是第一种飞得如此高和如此快的飞机，它的速度接近声速（马赫数[①]为1）。由于以前没有遇到过类似的问题，所以大家难以相信我们的判断。

当第一个P-38飞机的中队交付到密歇根塞尔弗里奇基地（Selfridge Field）后，第一个遇到压缩性问题的人是希格纳·吉尔凯（Signa Gilkey）上校。他是在加快飞机服役的测试过程中

[①] 马赫数是表示声速倍数的数，是一个无量纲数。亚声速：马赫数小于1；跨声速：马赫数近乎等于1；超声速：马赫数大于1；高超声速：马赫数大于5。——译者注

遇到这个问题的。在测试中，飞机要完成战斗机动飞行和其他性能测试，因而承受了比正常飞行更高的应力。后来卡斯·霍夫（Cass Hough）上校也报告说，他在英国上空的一次俯冲速度超过了马赫数1，我们知道那是不可能达到的。P-38飞机根本承受不了这个速度。这是一个不准确的空速表读数，因为当飞行高度快速变化时，仪表通常会出现滞后现象，而且在不同的高度，声速也是不同的。

在P-38飞机的早期测试中，几名飞行员丧生了。飞机会在俯冲过程中一头扎向地面，变得不可控制，飞行员无法将其拉起。当马赫数达到0.67~0.8时，飞机一旦俯冲，就会快速失

W. A. 普尔弗（W. A. Pulver）、凯利·约翰逊、霍尔·希巴德、乔·约翰逊和詹姆斯·盖希勒正在讨论P-38飞机的模型。P-38飞机是第二次世界大战期间美国战斗力最强的战斗机之一

控。我们尝试了所有常规的办法改善升降舵性能，使它们产生足够的动力，但是它们会把飞机尾部拉掉。我们的测试飞行员拉尔夫·弗登（Ralph Virden）就是在这样的事故中身亡的。

洛克希德公司的测试飞行员马歇尔·黑德尔第一次驾驶最初生产的 YP-38 飞机①时，曾扬言这是他驾驶过的"最容易"驾驶的飞机。对转螺旋桨不会产生扭矩，不会将飞机拉向一侧，但是其他测试飞行员，包括洛克希德公司的米洛·伯彻姆和托尼·列维尔（Tony LeVier），都碰到了压缩性效应。"一只巨大的手……偶尔摇动着飞机，飞机完全不受飞行员的控制。"列维尔这样描述道。

我们只好在风洞内寻找解决办法，否则飞机这样飞行太危险了。

我在代顿的莱特基地与国家航空咨询委员会的有关人员见面，请求委员会允许我们在他们的风洞内测试模型，以便测量出哪种力在起作用，因为当时还没有任何针对战斗机或者其他飞机进行高速测试的方法。我们自己的风洞还无法达到所需的速度（时速超过 300 英里）。委员会的官员们没有同意，因为每次他们在风洞内进行这种高速测试时，模型会产生剧烈抖动，以至于他们担心风洞会受损，所以不愿冒这个风险。

凯尔西中尉带着这个问题拜访了当时陆军航空队的统帅 H. H. 阿诺德将军。

然后，国家航空咨询委员会收到了将军的指令："把飞机放在风洞内，让凯利负责此次试验，看看我们的飞机到底出了什么问题。让风洞见鬼去吧，如果它爆炸了，给我打电话。"信里的主要内容就是这些。

---

① YP-38 是 P-38 最早期的型号。——译者注

经过风洞试验，我们证明了问题不是由于颤振引起的，然后开始用科学的方法来处理压缩性，并且取得了一些进步。

尽管没有完全解决压缩性问题，但是我们学会了如何避免这种情况发生。在国家航空咨询委员会的风洞内，我们了解了机翼上的压力分布、尾翼如何起作用以及导致机头直接就扎进地面和机身产生剧烈颤振的压缩性效应的产生原因。

在返回伯班克的途中，我们决定：如果不能解决压缩性问题，就要找出一种方法使飞机降速，避免压缩性效应的产生。我们最后找到了方法，那就是在飞机外部装上减速板。只要在正确的位置安装减速板，就可以改变机头的俯冲姿势，使机身停止颤振。正确的安装位置是前翼梁。减速板可以改变机翼下前方的气压分布，彻底抵消飞机的俯冲力。

减速板非常有效。驾驶员在俯冲中打开它，松开驾驶杆，飞机会自动拉起。

很多人不同意我们在战争期间花费如此大的财力和物力来研究这个问题，毕竟在我们遇到压缩性问题前，飞机就已经服役一段时间了。凯尔西就是反对者之一。

"凯利，让我飞一下那架安装了减速板的飞机，"有一次他来工厂参观时对我说，"我想看看这东西到底起不起作用。"

凯尔西当然了解 XP-38 飞机。在 XP-38 首飞后不久，他就驾驶它飞越整个美国，然后前往长岛的米切尔基地（Mitchell Field），中途在阿马里洛（Amarillo）和代顿短暂停留，以 420 英里的时速飞行了 7 小时 2 分钟。不幸的是，在降落时，发动机发生故障，凯尔西只能紧急平降在附近的高尔夫球场。凯尔西没有受伤，但是第一架 XP-38 飞机却变成了一堆废铁。

凯尔西驾驶着新改装的 P-38 飞机，想亲自体验一下减速板的作用。从伯班克机场起飞，飞机进入俯冲状态后不久就遇到了非常剧烈的压缩性效应，飞机抖动得如此剧烈，以至于他无法触到减速板的开关。后来尾翼断裂，飞机急速下降，凯尔西跳伞逃生，摔断了腿，扭伤了手腕。从那以后，他对减速板的作用深信不疑。

那个时候已经有几千架 P-38 飞机开始服役了，所以我们除了在生产设计中加入新型减速板外，还将生产的减速板运往海外，以便改装那些服役的飞机。我们给美国驻扎在英国的第八航空队运去了 487 副减速板，以及副翼助力器和提升发动机高空制冷功能的部件。它们使 P-38 飞机成为世界上机动性能最好的战斗机。P-38 飞机的爬升能力、转弯能力、机动性能和战斗能力都是其他飞机的 2 倍。

这些改进的部件由一架军用 C-54 运输机运往国外，但是这架运输机接近爱尔兰海岸时被英国皇家空军的战斗机看到。他们误以为它是德国的四发动机"秃鹰"（Condor）战机，会攻击护航舰队，于是将其击落了。因此，第八航空队没有用到那批减速板，直到后来的太平洋战争，减速板才开始服役。

还有一次，我们也遭受了巨大损失。当时，一支护航舰队中有一艘船载着四百多架 P-38 飞机，驶向摩尔曼斯克（Murmansk）和苏联时，它被一艘潜水艇击沉。这些飞机本来应该在斯大林格勒保卫战中做出贡献的。这两次损失都发生在战争的关键时期。如果没有这两次意外，凭借 P-38 飞机的出色性能，肯定会对战争产生很大影响。

后来，为了延长飞行里程，我们又在 P-38 飞机上安装了很特别的超流线型油箱。有了这些容量 300 加仑的油箱，P-38 飞机可以在中途不着陆加油的情况下飞行 3 000 多英里。测试飞行员米洛·伯彻姆说，他在飞行途中共吃了 7 根棒棒糖和 1 块三明治。在欧洲战场的最后阶段，尤其是在太平洋战争中，这种油箱发挥了很大作用。它们还具有其他功能，比如在紧急情况下，把油箱的头部卸掉，飞机就变成了救护飞机，可以装下一副担架和一名伤员。

P-38 飞机曾因为压缩性问题而声誉受损，有些航空队的飞行员不愿意驾驶这种飞机。为了解决这个问题，杜立特将军特意委派洛克希德公司的测试飞行员托尼·列维尔到美国和英国的几个航空基地进行飞行表演，以证明飞机的性能。托尼是一个大胆的飞行员，非常清楚该怎样演示这种飞机的性能。他演示了所有可能出现的状况，包括单发动机性能，目的是说服年轻的空军飞行员们。

P-38 飞机不仅是一流的战斗机，还有其他多种用途，可用作摄影机、战斗轰炸机、扫射机、火箭运载机。它产生了 18 种不同改型，最后一种可以携带的炸弹数量已经大大超过了 B-17 "空中堡垒"（Flying Fortress）轰炸机。此外，由于机翼的设计，它具有优异的失速特性。与日本 "零式"（Zero）战斗机作战时，它的失速特性发挥了很大作用。驾驶 P-38 飞机的飞行员可以减速到几近停止状态，降低一台发动机的功率，在不失速的情况下使飞机横滚，掉转方向面对对手。

继 P-38 飞机之后，洛克希德公司又制造了 XP-58 飞机。这种飞机比 P-38 飞机大很多，在重量和动力方面相当于一架四发动机飞机。XP-58 飞机可以携带一门口径 75 毫米的机关炮，炮手可以坐在驾驶员身后。

XP-58 飞机的任务是击落大型轰炸机。如果采用口径 75 毫米的机关炮，当场即可击落。XP-85 飞机的飞行时速可达到 450

英里，而且性能稳定。但由于这种飞机很重而且造价高，我们只制造了两架试验机。

由于压缩性在航空工业领域是一个很重要的问题，而且很多人对此非常感兴趣，我把我们进行的研究和解决这一问题的方法都写成论文，递交给美国航空科学学会（Institute of Aeronautical Sciences）。美国陆军部（War Department）批准了这篇论文。我于1943年1月在一次会议上陈述了论文的内容。许多其他公司都向我索要这篇论文的复印本，我也都提供给他们了。

后来这篇论文被收回，并标记为"保密"。

收回的原因是：负责帮助、协调和创立美国航空研究的相关官方机构，不希望大家知道关于压缩性的工作是由私营企业发起的。后来，国家航空咨询委员会确实做了一些试验，但是并没有解决P-38飞机出现的压缩性问题。他们只是让我们使用了一下他们的风洞，而且是迫于陆军航空队的命令。而他们的后继机构——美国航空航天局（National Aeronautics and Space Administration，NASA）则恰好相反，积极进取，协助工业部门一起研究。现在，我可以很开心地说，我和美国航空航天局的关系很好。

对压缩性问题进行保密处理实际上没有意义。战争结束后，我们进行了调查研究，发现德国很多工业文件都提及了压缩性，包括压缩性的影响以及如何避免发生压缩性。德国人最早使用后掠翼来解决这个问题。从波兰战争开始，他们就采用后掠翼，所以后来有人宣称后掠翼是美国发明的，这是没有依据的。1943年底，就在我展示论文时，德国人已经在所有飞机上安装了后掠翼，而我们的P-38飞行员们还在到处谈论压缩性现象。

在第二次世界大战期间，P-38飞机的每台发动机功率从1 000

马力提升至 1 750 马力。但是即便动力提升了这么多，飞机的飞行时速也只能增加 17 英里，这都是因为压缩性效应。压缩性效应首先影响的部位是螺旋桨，然后是机翼。

很明显，我们需要设计更好的机翼和尾翼，但是如果想提高飞机的性能，我们最好抛弃螺旋桨。

第十章
大型飞机时代

第二次世界大战之前，飞行服务只提供给一些飞行先驱、勇敢的创造纪录者、飞行运动员、少数非常有钱的旅行家、政府官员和军人。

"星座"运输机是洛克希德公司生产的第一种大型飞机。和以前的飞机相比，它可以容纳更多乘客，飞行里程更远，速度更快，性能更安全。重要的是，它非常经济，可以像火车、船和汽车等交通工具一样广泛地被人们接受。

制造"星座"飞机对洛克希德公司而言是一个巨大挑战，这是我们首次尝试进入大型运输机制造领域。霍尔·希巴德曾经这样描述公司当时的想法："在这之前，我们处于'小型飞机时代'，但是当我们开始制造'星座'时，我们就进入'大型飞机时代'了……我们必须正确选择，出色应对。"

我们制造的民用14型飞机与"哈德逊"反潜巡逻轰炸机、18型"北极星"（加长版的"伊莱克特拉"）一样，取得了非常巨大的成功，但是它的大小还无法在第二次世界大战后的民用航空市场中占据竞争优势。

早在第二次世界大战前，我们就已经开始为将来打算，设计了几种民用飞机，包括27型飞机。那是一种鸭式布局飞机，水平安定面和控制面位于主支撑面前面，简单地说就是尾翼朝前。我们制造了一个样机，但并不打算投入生产，因为这种鸭式布局设计在迎角较大时不安全。1973 年，苏联的超声速飞机 TU-144 在巴黎航空展上坠毁后，他们才明白了这点。

我们设计的另一种飞机是 44 型"王者之剑"（Excalibur）飞机。它是一种出色的 DC-4 飞机，但是设计时间早于 DC-4 飞机。我们对它抱有很大希望，泛美航空公司也对它很感兴趣。我们再次制造了样机，很庆幸，我们没有进行原型机制造，因为对于跨洋服务而言，它还是太小了，没有竞争力。

1939 年，环球航空公司（Transcontinental & Western Air，TWA）的大股东霍华德·休斯（Howard Hughes）及公司总裁杰克·弗赖伊（Jack Frye）咨询罗伯特·格罗斯，是否能设计一种能容纳 20 个乘客铺位、装载 6 000 磅货物的飞机，而且这种飞机能以最高的巡航速度飞行，可以横跨美国，中途不用着陆。他们建议飞行高度在 20 000 英尺左右，飞行时速要达到 250~300 英里。

我们放弃了早期的那些设计方案，集中精力研究环球航空公司所需的新型飞机。罗伯特·格罗斯、霍尔·希巴德和我三人去了霍华德·休斯的家里。他的家位于洛杉矶美丽的老汉考克公园区的缪菲尔德大道。在那里，我们向休斯展示了一种大型飞机，这种大型飞机不仅可以飞越大西洋，还可以容纳更多乘客。之所以这样设计，是因为只容纳 20 个乘客铺位不太划算，我们可以通过配备标准座椅，在同样大小的空间内容纳 100 名乘客。我们为军方设计 B-29 轰炸机时，就已经研发了莱特 3350 型发动机。这是世界上最大的气冷式发动机，可以为跨洋飞行提供充足的动力。

不身在其中的人是无法知道设计、测试、制造这种新型飞机的工作量有多大。飞机越大，遇到的困难也就越多。譬如，"星座"飞机的水平尾翼面积远大于早期"伊莱克特拉"的整个机翼面积。

"星座"飞机上的许多设计特点在客运飞机的设计中第一次出现。它是第一种使用全电动控制系统的飞机，即利用液压"推动"。利用机械力量来加强人的操纵力量这一基本原理在当时已经被应用在汽船、汽车上，但是应用在飞机上要复杂得多。洛克希德公司早就意识到，随着飞机性能的提升，操纵系统的问题会越来越突出，所以在很早以前，我们就把这个问题作为长远课题进行广泛研究。在开始设计"星座"飞机时，我们就决定使用助力装置。

凯利（左）与霍尔·希巴德（右）一起检查"星座"运输机的设计蓝图，这种飞机具有里程碑式的意义

我建议在飞机上安装这种复杂装置，但是一开始很难说服罗伯特·格罗斯接受这个建议，因为那时其他飞机制造公司都没有安装。为什么我们要多此一举呢？但是有一天在他把他的新雪佛兰汽车停进公司车库时，我说服了他。

我说："罗伯特，你的汽车在转弯的时候根本不需要那个动力系统，但是它确实使转弯变得轻松很多，不是吗？"从那以后，我再也没有听到任何反对安装动力转向系统的议论了。

"星座"飞机的飞行速度很快，最高时速可以达到340英里，超过了第二次世界大战期间很多战斗机的速度。不久后，它的时速又增加到350英里。尽管这看似不可能，但是"星座"运输机的机翼设计确实与P-38战斗机一样，只是机翼面积大了些，而且后缘安装了改进版的洛克希德-富勒襟翼。

由于飞机上的客舱是增压舱，飞机在20 000英尺的高空飞行时，可以避开90%以上的气流扰动，因此乘客会感觉很舒适。这是第一架具有如此性能的飞机。我们早期在XC-35飞机上所做的工作在这里起了重要作用，只使用4台发动机中的2台，就可以使飞机保持优异的性能。这些动力十足的发动机使飞机飞越美国和大西洋时，不再需要中途着陆加油。

此外，还有一些其他的创新应用在早期的运输机设计或后期运输机的发展中，比如整体强化的机翼结构、可反桨的螺旋桨、涡轮复合式发动机、翼尖油箱和机身的"腹下舱"——可拆卸的流线型货物舱。

"腹下舱"就是机身下面的行李舱，这是一个非常好的设计，现在仍被采用。由于"腹下舱"会增加飞行阻力，飞行速度每小时会降低12英里，但是乘客的行李可以和乘客一起到达目的地。我希望这种行李舱能够更多地被应用，但实际上当时它没有被用起来。当然，当时的机场远没有今天这么繁忙。

在最初的"星座"飞机研发过程中，我们共使用了6种不同的风洞。大多数试验都是在华盛顿大学的风洞和洛克希德公司自有的风洞中完成的，只有一些补充性试验在加州理工学院的风洞和国家航空咨询委员会的高速风洞、螺旋风洞和19英尺风洞内进行。

我们不仅对发动机进行了地面试车试验，而且还将发动机安装在"织女星"系列的"文图拉"（Ventura）飞机上进行飞行试验。"文图拉"是洛克希德子公司生产的一种反潜机，可作为"星座"飞机的发动机的飞行试验平台。安装发动机时，我们还参考了民用航空局这几年的防火、预警设施和灭火方法等方面的数据。尽管我们做了很多预防措施，但是后来飞机还是因为着火的问题暂时停飞。

为了研发"星座"飞机，洛克希德公司建立了第二个重要的研发设施——测试飞机结构和系统的机械结构性能的实验室。我们制造了一个全尺寸"星座"样机。由于液压推动整套操纵系统非常复杂，我们又在客舱样机旁边制造了一个操纵系统样机。

这些试验装置都安装在原来狭小的工作车间里，显得特别拥挤和不专业。格罗斯和希巴德觉得我们很可怜，格罗斯考虑后说："好吧，我们马上建一个研究实验室。"渐渐地，我们建成了今天洛克希德公司所具有的非常全面且精细复杂的研发设施。

我们将新实验室建在风洞旁边。实验室的面积非常大，我们可以从座舱到机尾模拟全尺寸"星座"飞机的整个操纵系统。通过使用拉力非常强的弹簧，我们可以在操纵系统表面模拟与气动负荷相等的力。就这样，我们首次实现在飞机上安装助力操纵系统。

"星座"飞机的电力系统是另一个样机。在环球航空公司的一次机组训练飞行中,一架飞机坠毁,这个样机起到了分析故障的作用。当时因电气着火,客舱内弥漫着浓烟。我们在实验室内还原了这一场景,模拟了实际飞行中出现的浓烟。只是在实验中,我们需要戴上防毒面具。

环球航空公司的这次飞机事故是由于一个电气接头短路引起绝缘层着火,而且绝缘层还吸附了油。当时有一扇门开着,所以烟雾进入了驾驶舱,导致正副驾驶员看不清东西。根据事故调查结果,我们修改了设计方案,并特别预防发动机失火。

1941年12月7日,星期天,是美国的"国耻日",所有民用飞机都停止生产。珍珠港事件后,军方当局已经叫停了"星座"项目,要求洛克希德公司专注研究"哈德逊"轰炸机、P-38战斗机和其他战争产品。织女星公司——洛克希德公司与波音公司、道格拉斯公司的合资企业,转向生产B-17轰炸机,放弃了原本打算生产小型民用飞机的计划。

幸运的是,美国空军发现"星座"飞机可以充当军用运输机,帮助运送大批军队。后来,"星座"飞机被"征用",但是飞机的生产被军方中止了17次,因为生产人员要优先生产其他战争必需品。

1943年1月9日,"星座"飞机进行了首飞。它被喷上了军用橄榄绿油漆,改名为C-69。由于风太大了,不适合这种新型大运输机首飞,我们把首飞推迟了两天。当时,媒体团队——电台和报纸记者、新闻摄影师、杂志撰写人、纪录片摄影记者每天早晨都会蜂拥而至,但是连续两天都被通知延迟,并被请到空中控制室去吃早餐,等待风停,直到被告知取消当日飞行后才肯收工。第三天黎明时分,风慢慢变小了,我们都很开心。

那天，这架飞机共进行了6次成功的试飞。在俄亥俄州的莱特基地为军方所做的加快服役测试过程中，它创造了一项纪录——30天内飞完170个小时。我们还特别荣幸地邀请到一位德高望重的飞行先驱——奥维尔·莱特（Orville Wright）与我们一起飞行。他是发明飞机的莱特兄弟中尚健在的那一位，这可能是他人生中的最后一次飞行。

第二次世界大战结束时，洛克希德公司就已经拥有了一种完全通过军队服役测试的新型高级运输机，可以立即进军民用飞机领域。我们第一批交付的049型飞机是已在空军服役的C-69飞机的改型。公司只用了90天时间，就把C-69飞机改装成首架民用飞机，并于1945年11月交付环球航空公司。

为了宣传这架新型运输机，环球航空公司做了一个庞大的方案。作为环球航空公司的主要股东，霍华德·休斯打算亲自驾驶这架飞机去创造一项纪录——载着媒体人员和好莱坞名人一起进行一次横跨美国的飞行。其实，他以前就是一名著名的飞行员。他曾在1938年因环球飞行而赢得了科利尔奖——驾驶14型飞机以206英里的平均时速飞了15 000多英里，共耗时3天19小时9分。尽管他驾驶的是洛克希德公司生产的飞机，但是我们并没有参与那次冒险行动，附加油箱是他自己安装的。

休斯在尝试横跨美国飞行前，必须在"星座"飞机上接受考核。所以在飞机交付给环球航空公司之前，飞行员米洛·伯彻姆、飞行工程师迪克·斯坦顿（Dick Stanton）和我三人，带着休斯及环球航空公司的总裁杰克·弗赖伊进行飞行演示，并给他们讲解操作方法。弗赖伊只作为观察员，但是休斯要了解飞机的性能和如何操控它。

考核新飞机驾驶员的正常程序通常是，先把所有流程认真

凯利与霍华德·休斯一起试飞"星座"飞机，事后证明这是一次可怕的经历

地操作一遍给驾驶员看，然后让驾驶员坐在副驾驶位置进行实际操控。

我们刚从伯班克起飞，大约飞到距离工厂后山几千英尺的空中时，休斯就对米洛说："为什么你不给我演示一下失速？"

于是，米洛放下襟翼和起落架，用中等动力将飞机拉升，然后表演失速。"星座"的失速性能非常好，飞机没有跌落，反而优雅地恢复到正常状态。

休斯转向米洛说："见鬼，那不是失速，让我做给你们看。"

米洛把飞机交给休斯来驾驶控制。我当时正站在驾驶舱内，在正副驾驶位置的中间。休斯把手伸过去，抓住全部4个油门杆，用飞机起飞时的动力放下所有襟翼。当时飞机上的载重非常轻，只通过螺旋桨的滑流，飞机就可以起飞。后来休斯把控制杆向后一直拉到底，使飞机失速。

我从来没有在空中看见空速指示器的读数为零，这是第一次。但是我们这架大型四发动机飞机当时的速度确实为零，且飞机与地平面已成 90 度，除了螺旋桨处的滑流外，飞机表面没有任何气流。接着，飞机开始向前跌落，给了我们一些冲力。这是惯性的作用，并不是因为气动操纵起作用。

那时，我整个人都飘了起来，头顶在天花板上，大叫："收襟翼！快收襟翼！"因为俯冲角非常陡，我害怕襟翼断裂，也担心襟翼负荷过重导致尾翼断裂。

米洛肌肉抽搐般急速收起襟翼，再次控制飞机，此时飞机离山顶只有 2 000 英尺。

我非常想知道当时休斯心中的想法：这架大型运输机怎样才算失速。

我们继续飞到帕姆代尔机场（Palmdale Airport），在那里练习起飞和着陆。那时，整个沙漠地区几乎都是开放的，是理想的试飞场地。

在跑道上着陆后，米洛和休斯换了位置，由休斯驾驶飞机起飞。从伯班克起飞时，米洛已经向休斯展示了临界速度是多少，但休斯遇到了大麻烦——他无法操纵飞机使其保持直线飞行。他给飞机加了太大推力，结果产生很大扭矩，使即将起飞的飞机斜着向指挥塔台靠近。飞机在机场上空打转，还好没有发生事故，勉强着陆。然后休斯再次起飞，但偏航越来越严重，飞机更接近指挥塔台了，他没有使用飞机方向舵进行适当调整。后来，他又进行了几次起飞和着陆，但一次比一次糟糕，他的状态根本没有改善。我当时不仅担心飞机上所有人的安全问题，还担心这架飞机的安全问题，因为它那时还没有交付，它的所有权还属于我们。

杰克·弗赖伊当时正坐在乘客座位的第一排，我走过去对他说：

"杰克，见鬼，越来越危险了，我该怎么办？"

"你认为该怎么办就怎么办吧，凯利。"他回答我说。他的回答根本没有意义，他才不想得罪休斯呢。

我转过身回到驾驶舱。我当时唯一的想法就是停止飞行。第六次起飞更可怕，也是最危险的一次。等到飞机躲开指挥塔台，飞到起落航线高度后，我对米洛说："米洛，把飞机开回工厂。"

休斯转过头看着我，惊讶得好像被我刺了一刀，然后看了一眼米洛。

我又说了一遍："米洛，把飞机开回工厂。"只有我才有指挥这架飞机的权力，我要对飞机负责，这点毫无疑问。因此，米洛坐回驾驶员位置，我坐回副驾驶位置，我们飞回工厂。休斯勃然大怒，因为我这样做实际上暗示他无法称职地驾驶飞机，这对于一个飞行员来说是一种侮辱。

一大群人正在工厂等着我们回来，准备听休斯做一场热情洋溢的报告，讲述他第一次驾驶"星座"的感受。可想而知，他们失望了，什么也没听到。

罗伯特·格罗斯非常生气，责问我是什么意思，竟然侮辱我们的首个也是最好的客户，他说我的判断力见鬼了。希巴德虽然没有激烈地批评我犯了错误，因为他总是考虑别人的感受，但是他很明确地表示自己不开心，而且让我知道这一点。最生气的人是公司的公关部经理伯特·霍洛韦（Bert Holloway），他原本计划邀请新闻界同机飞行，想借此新闻吸引全国注意。因为，毫无疑问，这一次飞机肯定会再创造一次速度纪录，届时全国各大媒体的头版头条和全球的航空媒体都会争相报道。但现在休斯还会加入我们的计划吗？当时，大家说什么我都不太在意，自己回家喝了一点白马酒和苏打水。

第二天，我在工厂遇到了尴尬的场面。好多人都不理我，但是我跟大家解释了当时的情形以及我的判断——当时那样做的唯一目的是阻止休斯，避免飞机坠毁。后来，休斯同意在我们的飞行员指导下，花几天时间来学习驾驶这架飞机，这才使局面得以缓和。

公司设立了奖金，奖励利用下个周末时间带休斯飞行并使他飞行合格的机组人员。公司的飞行测试总工程师鲁迪·索伦代替我接受测试任务。我再也没有和休斯一起飞行过，对此我们双方都是理解的。

休斯再次飞行时，态度明显转变了，不再那么傲慢，而是认真地听取指导。尽管他是我认识的唯一一位使我们的飞机以巡航速度着陆的飞行员，但从那个周末开始，他总共练习了五六十次起飞和着陆。事实上，直到横跨美国飞行前，他还在练习。

飞行接近丹佛时，休斯遇上了大雷雨，这是他没有预料到的。他既没有绕过暴雨云，也没有从暴雨云上方飞过去（这样可能会增加飞行时间），而是直接从暴雨云中飞了过去。由于没有提前告知乘客飞机即将遇到湍流，会有震动，几名没有系安全带的乘客不幸受伤，好在伤势并不严重。

一项新的横跨美国大陆的飞行纪录诞生了：从洛杉矶到华盛顿，单程耗时 6 小时 57 分 51 秒。

首飞之后，这种后来被人称为"康尼"（Connie）的飞机在每次不经中转的点对点首飞中都会创造新纪录。

如果不是休斯喜欢"耍小聪明",环球航空公司本可以更长时间地垄断横跨美国的直飞航线,因为那时没有一家航空公司可以提供中途不降落加油的直达航班。但是在冬季最大逆风时,从东向西飞行需要花 9 个多小时。当时工会有规定,机组人员每次飞行超过 9 个小时就要换班。休斯不想给航班配备两组飞行人员。其实,即便配备两组人马,航班竞争也还是可以获得相当的盈利。

在签订"星座"飞机购买合的同时,休斯与格罗斯签订了一份协议:在环球航空公司收到 35 架"星座"飞机之前,洛克希德公司不得向任何航空公司出售"星座"飞机。这样可以防止其他航空公司与之竞争,但是他后来却因为拒绝给"星座"飞机配备两组机组人员而丧失了大好机遇。"星座"飞机一直处于没有竞争对手的状态,直到道格拉斯公司研制出了 DC-7 飞机。DC-7 飞机同样安装了涡轮复合式发动机。

与休斯签订的协议让洛克希德公司损失惨重,它使我们与美国航空公司(American Airlines)的关系多年来一直处于僵持状态。直至今日,美国航空公司也没有选择任何一架由洛克希德公司生产的飞机。他们宁可选择 DC-10 飞机,也不选择 L-1011 飞机。在民用飞机的业务往来中,每个人都知道对方在干什么,尽管信息可能不是由对方直接提供的。美国航空公司曾询问我们是否可以为他们制造一种新型客机,他们提出的设计要求基本上与"星座"飞机一样。

格罗斯、希巴德和我三人在洛杉矶的国宾大酒店(Ambassador Hotel)里见到了美国航空公司的总裁 C. R. 史密斯(C. R. Smith)和副总裁兼总工程师比尔·利特伍德(Bill Littlewood,他是一位非常优秀的工程师）以及其他几位公司的主要领导。我们不得不说我们无法为他们制造这种性能的飞机，尽管这会大大减少公司的收益。事实上，美国航空公司那时已经知道我们在生产这种飞机了。

美国航空公司找到了道格拉斯公司，然后购买了道格拉斯公司生产的 DC-6 飞机。这一举动在很大程度上推动了 DC-6 飞机的研发与生产，直至后来的 DC-7 飞机，然后是 DC-8 喷气式飞机。20 世纪 50 年代，美国航空公司曾从我们公司购买了几百架配有涡轮螺桨发动机的"伊莱克特拉"，这使得洛克希德公司没能尽早进入喷气式运输机领域。洛克希德公司在"星座"飞机上取得的曾雄霸一时的领先地位也丧失了。

比较讽刺的是，我们在很早之前就曾进入喷气式运输机领域。在制造第二代"伊莱克特拉"之前，洛克希德公司曾投资 800 万美元用于 L-199 喷气式飞机的研发和初步设计工作。这种飞机共装有 4 台后置发动机，但是由于早期发动机的油耗都很高，如果要跨洋飞行，我们必须制造一架特别巨大的飞机。设计的起飞重量达到了 45 万磅。格罗斯认为这架飞机太大了，最终明确否决了这个方案，但他还是保留了一支研究团队，让他们研究喷气式发动机在未来空中商务运输领域的可行性。

研究团队提出的分析报告令人非常沮丧，因为该报告预测喷气式发动机在两次检修间的工作时间不会超过 35 个小时。但现在我们知道发动机的工作时间已经可以超过 10 000 小时了。

继环球航空公司之后，世界上几家主要的航空公司都购买了"星座"飞机，包括美国海外航空公司（American Overseas Airlines）。在世界各国的机场上，都能看到这种具有 3 个尾翼、机身优雅的飞机。

在"星座"飞机很长的生产期内,设计不断提升,性能不断扩展。我们根据一系列特殊用途对"星座"飞机进行了改装。先是"星座"飞机,然后是"超星座"飞机,相继共生产了20多种改装的先进客机和货机,以及一系列为美国空军和海军改装的预警机、巡逻机和其他特殊服务机型。有些做长途飞行的民用客机还为乘客配置了可以睡觉的卧铺。这种飞机不仅机身加长了,机翼也伸展了。

最后的改型是1649型客机。搭乘过它的乘客至今还记得内部奢华的配置。飞机客舱内的标准配置有可倾斜的座椅和可收放的搁脚板。如果为"超星座"配置的涡轮螺旋桨发动机还持续供货,那么这个系列的飞机肯定会继续生产下去,但是"超星座"无法和后来出现的喷气式飞机相比。1959年,最后一架民用"星座"停产了。

曾经有几年一直传言,洛克希德公司的"星座"飞机是由霍华德·休斯设计的。虽然霍华德没有否认,但这确实不是真的。他当时只用了半页纸来规划他想要的飞机的大小、航程和载重。我们不会支持这种说法,因为我确实不喜欢其他人把我们的工作归功于别人。1941年11月,休斯和弗赖伊都承认这是一个误会,打算登报澄清,但是罗伯特·格罗斯看到他们的信就很满意了。信里说:"……为了纠正一种传言……在飞机制造业广为流传……'星座'飞机完全是由洛克希德公司构思、设计和制造的。"

休斯经常在我们的停机坪上停一架"星座"飞机——几乎所有型号的飞机,他都要在某个地方藏一架。他每月总会有一次在早上打电话给他最喜欢的洛克希德公司的飞行测试工程师杰克·里尔(Jack Real,现在是休斯直升机公司的负责人),让他马上过来。休斯登上驾驶员座舱，启动发动机，只是在那里坐一会，里尔一直陪着他。

我和休斯再也没有一起飞行过，但是我听他说，他正计划建造一艘木制飞船。那艘飞船现在和"玛丽皇后"号轮船一起停泊在加利福尼亚州长滩港，吸引众多游客的眼球。

这个项目其实是由亨利·凯泽（Henry Kaiser）提出的。他之所以选择木材作为建造材料，是因为木材来源充足，而铝是战争物资，非常短缺。休斯对这个计划表现出极大热情，他有工厂，也有技术人员，可以实现这个计划。他给我打来电话，我尤其记得，那是在一个星期天的早上8时，因为他平常都不会在这个时间打来，只在深夜或清晨才给我打电话。他说："凯利，我打算建造一个像这样的吊舱……你认为怎么样？"我像平常一样给出了自己的看法。大约两个小时后，我想摆脱他去干自己的事情。

他给我打了好几次电话，询问我不同的问题。每次我给出答案后，他又给道格拉斯当时的首席空气动力学家吉恩·鲁特（Gene Root）打电话："吉恩，凯利说……你怎么认为？"

然后他又给波音公司的乔治·谢勒（George Schairer）打电话："乔治，凯利说……吉恩说……你怎么认为？"所以他获得了三方的咨询意见。

休斯那艘飞船的设计团队非常"优秀"，就像他的FX-11飞机的设计团队一样。FX-11飞机于首飞那天晚上在贝弗利山市的上空坠毁了。当时休斯正驾驶着那架飞机，所以伤得非常严重。FX-11飞机和P-38飞机一样，是一架双尾撑战斗侦察机。直到今天，报纸上还不时登出休斯的观点：P-38飞机的设计是以FX-11飞机的设计理念为基础的。FX-11飞机在1946年实现了首飞,但是截至 1944 年,洛克希德公司制造并交付军方使用的 P-38 飞机就已经超过 10 000 架了!

休斯的木制飞船设计得非常时髦,漂亮得像那时的艺术品,但距离有效、经济地载着 750 人跨洋航行,技术水平还差得很远。船体是用木头制造的,比金属重很多,因此损失了很多潜在的有效载荷。

休斯决定让那条飞船飞起来,以后就可以说它曾飞过。它的首飞也是唯一的一次飞行,由休斯亲自驾驶。这是缺乏常识及责任感的一次飞行。他共载了 32 人,包括机组人员、新闻界的朋友和其他嘉宾。大家都以为这只是一次高速滑行试验。休斯将飞船滑出海港后,把飞船拉升至距离海平面 100~150 英尺高,然后飞行了约 1 英里。如果飞船失控,这将是一场悲剧。那些人本来并不想参加飞行,尤其是首飞。

尽管为了证明自己,休斯有时会有一些鲁莽的行为,但是这种心态也促使他为自己的航空公司寻找一种先进的客机。这个决定使全世界的旅行者都可以享受更安全、更快速、更舒适的飞行。他购买的先进客机促成了后来的"康尼",也让洛克希德公司进入了大型民用飞机时代。

正如"星座"飞机在航空客运方面做出了突出贡献,后来 C-130"大力神"(Hercules)运输机也在航空货物运输方面做出了突出贡献。C-130 的最初设计是军用飞机。在第二次世界大战期间及战后,货机都是由轰炸机或运兵飞机改装而成的。C-130 是第一种从开始就按运输用途设计的飞机,同时安装了新型涡轮螺旋桨发动机——利用喷气式发动机驱动螺旋桨。在 45 000 英尺的高空,C-130 飞机预计可达到 300~500 英里的飞行时速。

基于使用的发动机装置和特殊的设计,C-130 飞机是货机设计中的一个大发展。与当时的军用运输机相比，它飞得更高、更快，也更经济，而且用途非常广。

C-130飞机的机身很低，距离地面只有45英寸。因此，在任何情况下装载货物都非常容易。飞机可以简单、快速地从运兵机转变成医务机，从重型机械运输机转变成伞兵空投机。

这种飞机可以在短且凹凸不平的跑道上起飞和着陆，甚至可以在航空母舰上展示性能。C-130飞机由洛克希德公司的"臭鼬工厂"设计，由洛克希德公司的佐治亚州分公司生产，后来，这种飞机的几种民用型都是在那里研发的。这种载重飞机被应用到了世界各地。它的很多设计特点都很实用，后来都被应用到佐治亚公司设计的更大型飞机C-5A上了。

第十一章
喷气时代——首个"臭鼬工厂"

自 1940 年起，洛克希德公司接到陆军航空队的委托，制造一种纯喷气式动力飞机。

我们早就对喷气式动力的潜在前景产生了兴趣，尤其是在 P-38 战斗机遇到压缩性效应以后。压缩性效应首先出现在螺旋桨位置，然后是机翼。我们决定改变战斗机的动力装置，因为在第二次世界大战期间，我们将 P-38 飞机的动力提高了一倍，但是飞行时速只增加了约 17 英里。

我们单独设计了一种初级方案——飞机以接近马赫数 1 的速度飞行。飞机上安装了由洛克希德公司的咨询顾问内特·普赖斯（Nate Price）设计的喷气式发动机。他在热动力学、材料学和机械设计方面的造诣很深，且非常有远见。我们向陆军航空队提出制造一架原型机的建议，但是被他们否决了。陆军航空队认为我们应该集中精力解决有关 P-38 飞机和其他紧急战时项目的问题。现在回想起来，那真是一种目光短浅的表现。

但是到了 1941 年，英国人在他们的一种小型战斗机——格罗斯特"流星"（Gloster Meteor）战斗机上安装了弗兰克·惠特尔（Frank Whittle）喷气式发动机，并演示了飞机的速度潜力。这之后，陆军航空队的态度就转变了，并委托我们为"贝尔"

（Bell）P-59安装喷气式发动机。"贝尔"P-59的最初设计是一种螺旋桨飞机。我们把其改装成喷气式动力，并于1943年首飞，但是它的性能并没有比活塞式动力的P-38飞机和P-51飞机提升多少。

我们再一次建议花费短时间制造一架机体和喷气式发动机，这次陆军航空队同意了。

但是当时德国已经将一大批Me-262喷气式动力飞机投入战场，而且它们飞得比我们的任何飞机都快。他们已经进入了喷气时代，而我们才刚刚开始。Me-262是一种性能非常优异的飞机，由威利·梅塞施密特（Willy Messerschmitt）设计。他是一位我特别尊敬的天才。

我们研究喷气式动力时也遇到一些反对意见。他们认为喷气式发动机耗油量大，导致飞行航程缩短。德国可以从他们占领的荷兰和法国起飞，无须多久便可抵达英国，而美国却要考虑包括整个欧洲及太平洋地区在内的广阔面积。如果从英国起飞，我们必须一站到达柏林。

我在莱特基地听取了一周的意见后，回到代顿展示我们的设计。

"凯利，我们会和你签订一份购买这种飞机的合同，包括内特设计的发动机。"莱特基地的指挥官弗兰克·卡罗尔（Frank Carrol）将军对我说，"但是在第一架飞机上你必须使用英国的发动机，因为我们需要你尽快制造出喷气式战斗机来对付Me-262，而你们的新型发动机还无法及时投入使用。"

我承诺在180天内制造出一架喷气式飞机。我问道："我们什么时候可以拿到合同？启动时间是什么时候？"

"你会在今天下午1点30分拿到一份意向书。"他说，"下午2

点有一架飞机从代顿起飞前往伯班克，那就是你们启动的时间。"

1943年6月8号，H. H. 阿诺德将军亲自批准了这份合同。

回到伯班克以后，我才知道自己正赶上公司比较艰苦和繁忙的时期。那时洛克希德公司每天要生产28架飞机，包括17架P-38飞机、4架B-17飞机，以及许多架"哈德逊""北极星"和PV-1。公司每天实行三班倒工作制，工人一周要上6天班，有时周日也要上班。公司当时也没有空闲的工程师、机器和可利用的场地。

当我将公司第一架喷气式飞机的合同给罗伯特·格罗斯看了以后，他有一些疑虑，不确定这份合同会给公司带来多大收益，但是他和希巴德对新想法总是很开明，在很多关键时候给予我支持。

"凯利，你自己争取的合同，"格罗斯说，"你就干吧，但是你需要自己组建自己的工程部门，自己去找生产人员和进行该项目的生产场地。"

曾有一段时间，我一再请求格罗斯和希巴德同意我组建一个试验部门。在这个部门，设计人员和车间工人可以一起紧密地工作来研制飞机，省去很多管理、采购和其他部门之间的协调时间，减少很多麻烦和不必要的耽搁及复杂环节。我想在设计工程师、机械师和生产工人之间建立直接联系。我的新项目就打算这样干。

我们能想到的搭建新车间的地方只有风洞旁了。那里有一个专门制造风洞模型的车间，所以我们的机械加工车间就从那里开始。为了获得更多的工具，我们买下了当地的一个小型机械厂。大家在那里找到了许多莱特发动机的包装箱，那是以前安装"哈德逊"轰炸机时留下的。这些包装箱放在存储区很占地方，因为它们都是由上等的重木头制成。于是我们清理了存储区，利用包装箱搭建了生产区的墙，同时租了一顶马戏团帐篷作为屋顶。

我费尽力气召集了 23 名工程师，包括自己在内。我把他们从工厂的各个部门里"偷"出来，我只要那些我比较熟悉的同事。项目助理工程师由 W. P. 罗尔斯顿（W. P. Ralston）和唐·帕尔默担任。唐是我大学时的好朋友，刚刚加入洛克希德公司。他曾为伏尔提公司工作，这家公司把未来都压在了单发动机运输机上，但是它根本无法与双发动机飞机（如洛克希德公司的"伊莱克特拉"飞机、波音公司的 247 型飞机、道格拉斯公司的 DC-2 飞机）竞争。阿特·菲尔埃克（Art Viereck）被聘为车间主任。我们还拥有自己的采购部和其他职能部门，这些部门都是从主工厂独立出来的。这就是第一个"臭鼬工厂"。

有人问为什么会叫这个名字，我也不确定。出于战时严格保密的要求，也为了高效集中地工作，我们不允许任何与项目无关的人员随便出入。传说我们 4 位工程师中的一位——我猜是欧文·卡尔弗，他是位特别聪明的设计师——有一次他被人问道："凯利到底在那干什么呢？"

"哦，他正在搅拌某种饮品。"他回答道。

这让人想起当时艾尔·凯普（Al Capp）非常流行的连环画——《利尔·艾伯纳》（Lil Abner）。在连环画中，长头发的印第安人总是在一边搅拌一大缸饮品，一边扔些臭鼬、旧鞋和其他类似物件进去，制作他的"基卡普快乐果汁"。"臭鼬工厂"就因此而得名。

当陆军航空队的命令下达以后，我们很快就开始行动。开始工作后的第 9 天，我们和 M. S. 罗斯（M. S. Roth）上校、拉尔夫·斯沃福德少校（Ralph Swofford，他后来担任这个项目的联

第十一章 喷气时代——首个"臭鼬工厂"　　115

络官)在"臭鼬工厂"开了一个样机讨论会。军方有 6 人参加会议,洛克希德公司有两三个人参加。当天晚上,我们就得到批复继续干下去。6 天后,我们就收到了政府提供的设备——航炮、无线电设备、机轮和轮胎等。在这个项目的各个阶段,我们一直与莱特基地及相关的政府官员们保持良好密切的合作关系。正因为这样,我们才能在如此短的工期内按时完成这个项目。

我们在工厂里挂上一块巨大的记分牌数字日历,上面写下距离合同到期的时间。因此,工厂内的每个人都感到压力巨大。我们按照每天工作 10 小时,每周工作 6 天来制订计划。我们严格执行周日不工作的规定,即便这样,到后面几个星期,每天的病假率还是高达 50%。那时正值隆冬,工作场地非常简陋,没有取暖设施。我们的管理人员太少,承受不起任何人生病带来的耽搁。

飞机的机体按时完工,但是发动机直到计划试飞日前 7 天才到达工厂。在这之前,我们一直利用一个木制的发动机模型来设计安装细节。英国德哈维兰公司派来的发动机专家盖伊·布里斯托(Guy Bristow)也没有帮上忙,他的时间都浪费在牢里了。盖伊·布里斯托是随发动机乘陆军航空队的飞机秘密飞过来的,没有办理正常的签证。后来,他犯了一个错误,在好莱坞大道上违规穿越马路,警察查证件时发现他既没有征兵证,也不是美国公民,于是就扣留了他。当我们知道情况后,只好给陆军航空队打电话,希望能保释他。

在计划首飞的前一天,发动机最后一次运转时,突然发出了"砰"的一声巨响。我当时正站在发动机的两个进气道中间检查发动机的运行状况,我的裤子差点被卷到进气口里。气道损坏,金属碎片掉进发动机内,导致压缩机壳破裂。发动机完全无法修复,而我们只有这一台发动机,所以只能等另一台送来。

最后,在第 143 天,陆军航空队接收了飞机,并准备试飞。按照 180 天的计划表,我们提前完成了任务。我们将 XP-80 飞机命名为"美人露露"(Lulu-Belle)——我们总是给我们的第一架飞机起个绰号。在 1944 年 1 月 8 日的早晨,XP-80 飞机进行了首飞。米洛·伯彻姆负责此次飞行,地点在穆罗克干湖(Muroc Dry Lake,现在的爱德华空军基地)。这是美国战斗机的飞行时速第一次超过 500 英里——最高时速达到 502 英里。

这时陆军航空队正让通用电气公司研制一种更大更强的惠特尔发动机。他们的研发工作进展快速。自首架 XP-80 飞机证明我们的设计可行后,军方要求我们重新设计,将机身加大 80%,以便装下通用电气公司研制的新型发动机。这次签订的合同是制造两架飞机。

在 132 天的时间里,我们制造了第一架 YP-80A,并将它的表面喷上一层光滑的灰白色硝基漆,所以它的绰号是"灰色幽灵"(Gray Ghost)。它安装了更强的武器装备,翼尖上装有副油箱,确保燃料更充足,飞行时速比第一架喷气式飞机提高了约 80 英里。

这就是早期的 P-80,后来被重新设计命名为 F-80 飞机[①]和改装为 T-33 双座教练机,之后又衍生了 F-94A、B、C 三种机型。应陆军航空队的要求,我们共生产了 6 000 架。它是美国第一种喷气式战术战斗机,罗伯特·格罗斯根据洛克希德公司以星体命名飞机的传统,将这种飞机起名为"流星"。

[①] P-80 为原来的军用编号。1948 年,美国决定统一用"F"来代表战斗机,于是 P-80 变为 F-80。——译者注

当然，我们在研制过程中遇到的问题也不少，这毕竟涉及一个全新的飞行和测试领域。

我们遇到的第一个难题还是压缩性问题，但与 P-38 飞机遇到的问题有所不同。这种飞机产生的激波（也叫冲击波）在机翼和副翼之间的铰链线前后冲击，冲击压力的改变使副翼发出高频"嗡嗡"声。我们早就知道这架飞机会在某个方面遇到压缩性问题。果然，当马赫数为 0.8～0.85 时，压缩性问题就出现了。驾驶员会收到一些报警提示：感到控制杆轻微晃动，在驾驶舱内听到副翼发出"嗡嗡"声。

我们在副翼上安装液压阻尼器作为缓冲装置来克服压缩性效应。液压阻尼器安装得非常牢固，在任何方面都没有游隙，不会倾斜也不会移动，克服了副翼嗡鸣的现象。

我们再次利用风洞检查飞机目前具备的安全系数。我们把一副全尺寸的 F-80 机翼放在风洞内进行颤振，时间超过 100 小时，直到最后铰链被扯松，副翼在风洞里飘荡。国家航空咨询委员会将这架飞机的速度提到马赫数 0.86，这超出风洞标示的危险速度。我对当时驾驶飞机的飞行员深表敬意，因为副翼在测试中已经摇晃得不像样了。但是这架飞机的最大速度不会成为限制因素，因为它已经比竞争所需的速度快很多了。

新型发动机带来了一个问题。测试飞行员托尼·列维尔驾驶第三架 F-80 飞机在 15 000～20 000 英尺的高空高速飞行时，突然听到一声巨响。响声非常大，以至于我们在地面上都能听到。待我们向上望时，飞机已经碎裂，一顶降落伞打开了。

后来托尼说："我正开心地坐在那儿呢，突然飞机腹部朝上翻转过来，机翼断裂，然后我就坐在空中了。"当然他是打开了驾驶舱盖，才逃了出来。他着陆后，花了大约 10 分钟来给我们讲述这个刺激的经历。

当地的一个农民在地面上也目睹了这一切，他只用了不到10秒钟来描述："我听到一声巨响，然后向上看，噢，是一顶降落伞打开了。"

我们收集了飞机和发动机的所有碎片后，发现喷气式发动机的涡轮盘断成3部分，将机身割破。故障的原因是至今仍存在的一个问题。美国没有足够大的水压机来锻造大型飞机的金属零部件，所以必须将它们焊接在一起，这就容易产生故障点。国内现有的几台大型水压机还是战后我们从德国缴获的。

在F-80飞机上，大涡轮盘凸出的主轴上有一条焊缝。在当时，即便是美国最大的水压机，也不能将主轴和轮盘锻造在一起。因为这个原因，我们共损失了6架F-80飞机。

我们尽最大努力修改了轮轴的设计，使每个涡轮和主轴在真空里的旋转速度超过平时的运转速度。我非常担心，这就像把身体从10层楼的窗户尽量往外伸看能伸出去多远一样，非常危险，因为这个过程本身就会产生裂缝，如果X射线没有探测出来，飞机就会带着这种瑕疵飞行，但是设计修改之后没有任何故障发生，这个解决办法奏效了。

有了F-80飞机，陆军航空队就可以研究对抗德国喷气式飞机的战术。F-80飞机可以在防御中针对轰炸机，在进攻中针对战斗机，不仅可以针对单机，也可以针对编队机。我们与军方在爱德华空军基地进行了几周的飞行测试。在那里，美国所有的战斗机——P-38、P-39、P-47和P-51组成轰炸机护卫队来评估F-80喷气式飞机的作战能力。飞机上都装有照相枪，用来记录它们的"拼杀"。B-17和B-24轰炸机也是如此。

我每天都要在25 000英尺的高空飞行超过5个小时。我穿

第十一章 喷气时代——首个"臭鼬工厂" 119

在 F-80 飞机研发期间，一次成功的测试飞行后，凯利向托尼·列维尔表示祝贺。F-80 飞机是美国第一种喷气式战术战斗机

着网球鞋、短裤，背着降落伞，坐在飞机驾驶员托尼·列维尔的后面。他驾驶着一架改装的 P-38 飞机，我观察他们如何尝试击落喷气式飞机。我们经常会进行一些花哨的飞行机动动作，旋转着去攻击 F-80 飞机。坦白说，我非常喜欢这种飞行，P-38 飞机的尾旋性能非常好，很容易抽身出来。

"我打到它了！我打到它了！"航炮手们欢呼着。但是回到陆地后，他们的胶卷显示他们并没有打中 F-80 飞机。

F-80 飞机可以从正面飞过轰炸机编队的有效射程，然后翻转过来从轰炸机编队下方通过，实施侧面和尾部攻击；护航战斗机群则作防御飞行。此时天空中挤满了飞机。

这种模拟飞行非常有价值。我们发现，F-80 飞机虽然无法

抵御德国喷气式飞机的正面攻击，但是也不要紧。Me-262飞机的时速超过700英里，飞机驾驶员既要在几秒钟内射击目标，又要避免与轰炸机和护航战斗机相撞，所以命中率必然不高，我们绝对不用担心。我们比较担心的是后面受到攻击，当德国喷气式飞机以相当的速度赶超过来时，有很多时间瞄准和射击。为了解决这个问题，陆军航空队研究了一种战术——护航战斗机负责保护后方。这次F-80飞机的演习使第八航空队不用上战场就掌握了德国喷气式战斗机的特点。

一次夜航试验也提供了很有价值的信息，但是损失惨重。一架F-80飞机与一架B-25飞机同时起飞，B-25飞机作为观察机查看喷气式飞机在夜晚飞行是否会有暴露飞机的发光排气尾迹。虽然没有尾迹，但是两架飞机在黑暗中相撞了。洛克希德公司的测试飞行员欧尼·克莱普尔（Ernie Claypool）和一名军方飞行员双双殉职。

在第二次世界大战结束前，4架F-80飞机被送到欧洲战场。它们只用于示范性飞行，在英国与意大利之间巡航，因为美国不希望F-80飞机在德国人可能俘获的地方被击落。陆军航空队需要熟悉这种飞机，包括它的高耗油率、高速度以及在不同天气条件下的操作特点等。为此，我们损失了一架飞机和一名飞行员。弗兰克·巴索迪（Frank Barsodi）少校是一位技术精湛、经验丰富的飞行员。他进行一次高速低空飞行时，明显觉得当时的速度对于着陆来说太快了，于是将发动机油门杆向后拉。结果，尾喷管外的冲压空气压力大于尾喷管内的空气压力，致使尾喷管向内凹陷。至少，我认为事故是这么发生的。这种情况是以前没有考虑到的，尾喷管的设计只能承受内压。后来设计改进了，在尾喷管上开了孔，外压高于内压的现象再也没有出现了。

在 F-80 飞机的研制过程中,我们还损失了一位好伙伴——长期在洛克希德公司担任测试飞行员的米洛·伯彻姆。第一架生产型(不同于试验型)F-80 飞机要运到爱德华空军基地进行飞行测试,伯彻姆在洛克希德公司航空集散站①的东西向跑道上起飞。当时,那里有很多开阔地。如果需要,驾驶员可以在那迫降。但是跑道附近有一个砾石坑。伯彻姆起飞后离地面仅 200 英尺时,发动机突然出现了故障,燃油泵轴上的驱动器剪断了花键。他没能避开那个砾石坑,飞机在撞击中爆炸了。这次事故后,我们再次修改了设计,改进了花键、油泵,安装了应急燃油系统。

从那以后,洛克希德公司生产的飞机都会安装备用燃油系统。要么在发动机上安装双燃油泵,要么在发动机上安装一个燃油泵和一个电子驱动泵。其他一些公司的喷气式飞机没有安装这些装置。从那时起,系统冗余变成我的怪癖。我们在制造每架飞机时,都要确保发动机可以重新点火、重新启动,以及如果主发动机泵出现故障,飞机还能保持飞行。米洛的殉职为后来飞行员的安全飞行做出了贡献。

F-80 飞机还没来得及在战争中验证性能,欧洲战场的战争就结束了,但是它的研究、测试和生产一直在持续。

第二次世界大战后,陆军航空队的一个小组前往德国,考查德国的军事作战能力,洛克希德公司也在受邀之列。我那时正在工厂里研究 F-80 飞机,所以我的助理沃德·碧曼(Ward Beman)应邀前往,并带回来了大量信息。

我们发现德国是世界上唯一一个在飞机上安装轴流式喷气发动

---

① 洛克希德公司航空集散站是现在的伯班克 – 格伦代尔 – 帕萨迪纳机场。

机的国家。这种发动机的设计比较简单，从根本上比英国喷气式飞机的离心式压缩机更有效。在轴流式发动机中气流直接进入气道，沿直线向前通过发动机，然后从尾喷口排出。而在离心式中，空气从转子的两侧进入，垂直飞机的飞行航迹进入燃烧室，然后再经过其余部件，所以气流至少要经过两次90度改变。但是美国和英国建造了很多蒸汽发电厂，所以在离心式压缩机方面的经验非常丰富，因此，使用离心式压缩机看上去更有保证、更安全。

第二次世界大战后，陆军航空队开始大幅度地演示他们的新防空武器。1946年1月，3架F-80飞机同一天离开西海岸进行横跨美国的飞行，其中的两架在中途停机加油，一架直飞。

威廉·康希尔（William Councill）上校驾驶F-80飞机从长滩飞到纽约的拉瓜迪亚机场（La Guardia Airport），时间为4小时13分，航程为2 470英里，平均时速达到584英里。美国的各大报纸大力报道了这一事件。康希尔上校驾驶的F-80飞机的翼尖上装了副油箱，每个可以容纳300加仑燃料。燃料用完后，他把副油箱扔在堪萨斯（Kansas）的农场里了。后来听说那里的农民把油箱切割成两半，当作饲料斗了。中途加油的地点在堪萨斯州的托皮卡（Topeka）。那两架飞机在几分钟之内就完成了加油，所以直飞和中途加油飞行的差别不是很大。

在创造飞机起飞纪录时，还发生了一件有趣的事情。美国联邦航空局的计时官来到总测试飞行工程师鲁迪·索伦身边，掏出一块价值一美元的手表，然后问索伦几点了。当然，手表的质量好坏并不重要，他要做的事情只是记下飞机的起飞时间，而其他人会记录着陆时间，但是他这样做，官方形象有点受损。

后来，F-80飞机又打破了多个纪录。1947年，美国空军变成一个独立的兵种以后，阿尔伯特·博伊德（Albert Boyd）上校

从"流星"F-80飞机的早期照片中可以看出，即便以今天的标准来衡量，它仍显得非常时髦和敏捷

以 623.8 英里的平均时速飞越一段测试航段，创造了新的世界速度纪录。顺便提一下，那时的喷气燃料更接近煤油，而不是汽油。每加仑燃料的售价约为 13 美分，到了 20 世纪 80 年代，每加仑已经涨到 1.5 美元。

F-80 飞机非常容易操控，因此美国空军设法将其改装成教练型飞机。我们制造了一种加长型——增大的驾驶舱可以容纳一名观察员坐在驾驶员后面。后来我们从生产线上撤下了一架飞机，把它改装成双座型，以用于展示和说服军方双座型飞机可以满足他们的需求。后来，空军订购了几千架这种飞机——T-33；海军也买了一种教练机——TV-1。

有时候，要说服客户相信我们知道他们需要什么，真的非常困难。有时候，我们的劝说甚至不成功，"全能飞行教练机"（Universal Flight Trainer）的建议就是其中的一个例子。

1954年，我们建议在T-33飞机上安装一种"黑匣子"装置，用于模拟任何一种飞机的性能。很久以前，我们就在实验室应用飞行模拟器了。但是我的建议没有被接受。不过现在很多飞机都采用了这种装置，比如"喷气星"（JetStar）和F-104"星战士"（Starfighter）飞机都安装了模拟航天飞机（Space Shuttle）各方面性能的装置。

我相信，目前的"新一代教练机"也会具有这种功能。这种"全能教练机"对飞机的研究与发展具有实用和生产价值。

在1950年朝鲜战争中，美国空军的F-80飞机展示了自身良好的性能。在喷气式飞机的首次战斗中，F-80飞机击落了一架苏联制造的米格-15战斗机。米洛的牺牲换来的双燃油泵装置使很多飞行员能够平安地从战场返回家园。在那次喷气式飞机的空战舞台上，我们学到了很多知识，这些知识可以应用到未来飞机的发展中。我们知道我们要忙碌起来了。

第十二章
朝鲜战场的教训

当测试飞行员托尼·列维尔第一次看到F-104"星战士"时，问道："机翼在哪里？"

F-104"星战士"的机翼确实又短又直，薄得像刀片，但可以承受很大负荷。我们发射试验了50种机翼模型，才从中选出了这种机翼。当时我们将这些机翼安装在配有测量仪器的火箭上试验，火箭点火后的时速高达1 500英里。

这种"载人导弹"是我于1952年巡视朝鲜半岛战场后的研究成果。美国航空装备司令部司令本杰明·奇德劳（Benjamin Chidlaw）中将和另外几位空军高官想知道我们设计的飞机性能如何，以及战斗机飞行员在面临敌人时需要做什么。当然，这也是他们想让飞机设计师知道的。这是第一次双方在战场上都使用喷气式飞机，朝鲜使用米格-15战斗机，韩国使用F-80、F-84飞机，以及后来的F-86飞机。

在大邱（Daegn）等前沿基地，我看到飞行员如何驾驶飞机，深有感触。为了飞进对方领域，飞行员在起飞前通常装满燃料，包括翼尖处的副油箱。但飞机载重过大，副油箱会擦碰跑道。由于当时的跑道由钢板铺设而成，所以摩擦会有起火的危险，但是飞行员每天都是如此起飞。

当这些飞行员执行完任务回到基地，爬出飞机后，我们会和他们沟通，询问飞机的性能。他们希望驾驶什么样的战机？毫无疑问，他们都想驾驶能飞得更高、更快的飞机。在同一作战高度上，双方速度相当。美国飞机装有动力操纵系统，所以机动性能比较好，同时美国飞行员还受益于飞机上的最新瞄准器。总体来说，美方的获胜率较高。

但是美国飞行员也不时受到停留在 50 000 英尺高的"高空查理"（High-altitude Charlie）①的侮辱。

我们的飞行员不时会听到对方的指挥在说："不必担心那些美国飞机，爬升到这里来，你的飞机会没事的，他们够不到这里。"

在朝鲜战争期间，我们乘坐一架美国空军的"星座"飞机，巡视朝鲜半岛战场，飞行了 23 000 多英里，考察了 15 个空军基地。

李·阿特伍德（Lee Atwood）是我的民间伙伴，也是北美飞机制造公司（North American Aviation）的工程副总裁。一次夜航时，我和他一起睡在飞机地板的胶合板上。我察觉到从后梁传来三号发动机的振动，而且振动越来越厉害。庆幸的是，它在我们飞行途中没有散架。我们先飞到夏威夷，接着到达威克岛（Wake），再飞到日本、韩国的空军基地以及冲绳（Okinawa），最后在马尼拉（Manila）着陆。正当我们从马尼拉起飞爬升到巡航高度时，忽然听到一声巨响——三号发动机空中停车报废了。我们紧急放油，然后返回陆地。美国空军携带的零部件足以进行一次小型检修，所以 12 小时后，我们又重新起飞了。

---

① 指朝鲜的指挥机。——译者注

返回美国后，我开始设计一种新型喷气式飞机。它要比当时任何国家的飞机飞得更快、更高。对于这种新型飞机，美国空军当时还没有给出任何正式要求，但是我去了一次五角大楼后，我们的提案很快就获得了批准。我把提案给唐·帕特（Don Putt）将军、唐·耶茨（Don Yates）将军和布鲁斯·霍洛韦（Bruce Holloway）上校看了以后，他们非常满意。签订合同的唯一障碍就是缺少规定新型战斗机应该是什么样子的正式文件。

"好吧，如果还没有设计要求，那么我马上制作一个，"霍洛韦上校毫不犹豫地说，"凯利，在这附近等一会儿，我几个小时后就回来。"

后来他用一又四分之一页纸描述了美国空军需要的下一种战斗机的样子：飞机重量要轻，在海面和高空都应具备一定性能，携带特定武器，配备无线电和其他设备。在非常短的时间里，他就获得了所有相关将军的同意。

"这就是你要的设计要求，"他说，帕特和耶茨将军也都同意，"回去看看你该怎么做吧。"

于是，我们就制造了F-104"星战士"飞机。它后来变成"超星战士"飞机，并演变出8种不同型号。在美国和其他6个西方国家，这些飞机的生产时间超过了25年，这是当时世界上最大的一次国际工业合作。这种新型飞机最后被美国及其14个同盟国的空军使用。后来，这种飞机又发展了双座型，不仅可以用作教练机，也可以用作战术机。

F-104飞机是第一种在水平飞行中可以达到2倍声速的作战飞机。

F-104飞机机身上短而薄的机翼采用了一种新型测试技术，这完全是一种由需求逼出来的技术。我们设计这种飞机时，将其速度定为马赫数 2，可是我们没有一种风洞可以达到这样的速度。于是我拜访了厄尔·E. 帕特里奇（Earle E. Partridge）中将。他当时负责位于巴尔的摩的空军研究与发展司令部（Air Research and Development Command）。我向他描述了我们测试新型飞机的薄机翼、尾翼和进气道时遇到的困难。

"我可以为你做什么？"他问。

"嗯，如果我们有一捆口径 5 英寸的火箭，就可以把机翼模型装在火箭上。多次发射火箭后，我们就可以知道怎么才能造出这种厚度的机翼——其厚度大约是刀片的 2 倍。我们可以观察机翼在超声速飞行时是否会产生颤振。"

帕特里奇将军立即向韩国发出指令："停止上午的火箭发射，把全部节省下来的火箭都送给凯利。"

两周以后，我返回伯班克，"臭鼬工厂"里一片哗然。他们收到了 460 枚火箭，但是没有人知道该怎么用。把它们储藏在伯班克市区可不是一个好主意，当然，我们也不会在市区点火发射。我们把这些火箭全部转移到爱德华空军基地，在试验基地边界处的保密区内有一大片空地可以作为试验场地。

我们在火箭上安装自动摄影机和遥测仪器，它们可以向地面观察站发送数据。我们把机翼安装在装有测试仪器的火箭上，然后在荒芜的基地里反复进行发射试验。对不同硬度、不同形状、不同设计的机翼，我们分别用火箭以 1 500 英里的时速进行试验。在工厂内，许多人对采用这种薄机翼仍存在质疑，但是后来无论是试飞，还是飞机的服役情况都证明了这种设计的可靠性，而且后来我们在翼尖上悬挂了副油箱和多种武器，甚至携带原子弹。

不同寻常的"全动"尾翼最初也是在这些火箭"风洞"中测

试的。

研制第一架 F-104 飞机时，我们再次遇到了以往的难题——没有合适的发动机。所以和 F-80 飞机一样，F-104 飞机的最初两架原型机都暂时使用某种发动机，直到通用电气公司设计出真正适合这种飞机的发动机——J-79。

经过 1 年零 1 天，首架 F-104 飞机终于研制成功，并且进行了试飞。1954 年 2 月 28 日，托尼·列维尔驾驶 F-104 飞机从爱德华空军基地起飞。只要时间允许，每次我都会把飞机的首飞安排在我生日那天，但是这次错后了一天。

通用电气公司研制的新型发动机在早期飞行过程中曾经出现过问题，主要是加力燃烧室的控制问题。加力燃烧是向热废气中注入更多燃料使其燃烧，以提高尾管内的气流温度和喷流速度。在起飞或飞行过程中，飞机需要额外推力时，只要加力燃烧，即可获得双倍推力。

但是这种发动机的加力燃烧室的喷口活动盖有一个严重的缺陷：在某些情况下会意外打开，导致推力几乎全部失去。我们自己建立了一个发动机测试风洞，专门用于测试发动机的运转，以便加速改进发动机的设计。

在这种发动机的设计得到改进之前，由于这个问题，我们损失了 7 架飞机和 7 名飞行员。这些损失如鲠在喉，后来的解决进度也非常缓慢。

在早期射击试验中，航炮也曾出现一些问题，让经验丰富的飞行员列维尔和赫尔曼·萨蒙（Herman Salmon）使出了全部看家本领。萨蒙试飞的是第一种生产型 F-104，它与列维尔试飞的第一种试验型 F-104 区别很大。

列维尔是在这种飞机发动机熄火后成功迫降的第一人。在飞

洛克希德公司的测试飞行员萨蒙与F-104"星战士"

机以超声速飞行进行首次开炮试验时,航炮发生爆炸,将油箱炸开了一个洞,驾驶舱内充满了烟。列维尔首先想到的是跳伞,但此时飞机距离基地有50英里远,而且飞行高度比较高。他向下看了看,考虑了一下。

"噢,天啊,我落地前就会被冻死。"他思考着。

"我待在驾驶舱内,"他后来回忆时说,"掉转飞机返回基地。快到基地时,发动机熄火了。就在我要张开襟翼准备着陆的紧急关头,我发现襟翼也不能正常工作了。我再次想到跳伞,尽管这时飞机已经低于喷流,但我知道跳伞也不会成功,所以我拉平飞机,并预料到飞机会乱转,发生一些预想不到的事情。飞机拉平着陆时就像'派拍卡布'（Piper Cub）轻型飞机一样。"

我们找出了问题所在，航炮爆炸、襟翼无法张开是因为断电了。这次 F-104 飞机的熄火迫降太危险了，因为它的机身重、机翼小，在没有动力的情况下，驾驶员要安全着陆，必须非常准确地操作。列维尔曾提前研究过应急着陆的各种数据，所以知道应该怎样准确操作。他确实那样做了，完成了完美的发动机熄火迫降动作。

但在赫尔曼的那次飞行中，他别无选择，只能弃机跳伞。那次他穿着增压服以超声速飞行，在 50 000 英尺的高空进行开炮测试。他突然感到一阵强气流吹来，接着他的面罩就结冰了。他看不见飞机上的任何仪表，但是他知道在高空中，不能断开增压服。他开始数数，一直等到他觉得可以举起面罩。

"我唯一关心的就是高度表，"他解释说，"其他的根本顾及不上。"

赫尔曼想帮助我们找到这次事故的原因，所以自愿接受洛克希德公司的医疗部主任查尔斯·I.巴伦（Charles I. Barron）博士的麻醉治疗，服用了喷妥撒纳镇静。从他的描述中，我们准确地知道了事情的经过。

航炮发射后，气体累积引起爆炸，吹开起落架的一扇舱门，导致高空寒冷气流冲入。赫尔曼曾当过跳伞表演员，所以他可以从容地跳伞逃生。事情发生后不久，航炮的这个问题得到了解决。

F-104 飞机最开始设计为拦截战斗机，装备非常精良，如果用作拦截战斗机，这种飞机最为合适。但是北大西洋公约组织（NATO）的国家决定生产和使用这种飞机时，要求增加一些性能，包括低空对地攻击能力。我们不改变机翼面积，将飞机的重量增加一倍——由原来的 16 500 磅增加到 33 000 磅。改动后，由于机翼面积不足 200 平方英尺，起飞速度必须大幅提高。此时的飞机就像一辆高速汽车。这种飞机常常在世界上天气最恶劣和地形最差的区域里飞行。在挪威、加拿大等地，这种飞机创造了很多战斗机的安全纪录。

由于一些特殊原因，德国使用这种飞机时却遇到一些问题。德国人使用的是一种非常复杂的改型，集合了截击机、轰炸机的高性能，同时具有侦察能力。后来他们的飞机还增加了红外线瞄准器和惯性巡航功能。

当时的麻烦是：在第二次世界大战后近 10 年，德国飞行员没有驾驶喷气式飞机（尤其是超声速飞机）的经验，德国更不具备在空军持续培养飞行员和机械师的条件。尽管媒体多次报道了 F-104 飞机早期的高事故率，但是没有注意到德国早期购买了大量 F-84 飞机，并且在短时间内就损失了近 40%。

其实根本原因不是飞机的问题，而是飞行员操作的问题。最后德国派飞行员到美国亚利桑那州的留克空军基地（Luke Air Force Base）接受训练，那里的气候一年四季都适合飞行。后来，德国得以开展飞行员训练，并且培养了一批飞行技术优异的人员，他们在使用 F-104 飞机过程中，创造了优秀的纪录。

F-104 飞机在美国空军服役的第一年，就创造了很多具有重要意义的官方纪录。1958 年，它以 91 243 英尺的飞行高度为美国重新创下世界飞行高度纪录，同年又创造了一项新的速度记录——每小时飞行 1 404.19 英里。它还创造了 7 项世界爬升高度纪录。1959 年，它再次创造了 103 395.5 英尺的新飞行高度纪录。在这一年，F-104 飞机以一年度的"航空领域的巨大成就"为美国空军、通用电气公司、洛克希德公司赢得了科利尔奖。

后来，F-104 飞机也成为美国空军航空航天部门的教练机，为爱德华空军基地的航天飞行员训练学校模拟再进入大气层的飞行和零重力条件下的飞行。

当苏联成员国家的空军使用大量高性能的喷气式米格-21 取代米格-17 和米格-19 时，西欧国家开始寻找一种具有空中优势的新型战斗机。当时西欧国家的主要防空武器是"星战士"、"鬼怪"（Phantom）和"闪电"战斗机。情报机关和新闻机构都指出，东欧国家拥有的先进战斗机数量是北大西洋公约组织国家的6 倍。

为了向欧洲同盟国家提供 F-104 的后继机，洛克希德公司提出了一个非常实用有效的方案：使用 F-104 飞机昂贵但性能优良的部件和系统，换上更大的机翼和新型尾翼，增大动力系统，制造全能战斗机。这种新设计飞机的机动性将优于其他所有已知飞机，包括米格-21。我们给这种飞机起名为"枪骑兵"（Lancer）。

这个设计可选用好几种发动机，包括大家熟悉的通用电气公司生产的发动机，或者是普惠（Pratt & Whitney）公司的发动机。后者是普惠公司利用一种新型高端技术生产的发动机，速度可以达到马赫数 2.5。我们提议，这种飞机的研制工作和最初的飞行测试都安排在"臭鼬工厂"，由我们与欧洲的工程师们一起合作进行，而飞机的生产全部安排在欧洲。这样既可以节省几百万美元的生产成本，同时欧洲工厂里曾生产 F-104 飞机的几千名工人可以继续获得就业机会。

为了向北大西洋公约组织国家销售新型飞机，当时飞机制造公司之间的国际竞争很激烈。法国达索（Dassault）公司推销的是他们的"幻影"（Mirage）新型飞机 F-1。另外两家美国飞机制造公司也加入进来。麦克唐纳-道格拉斯（McDonnell-Douglas）公司销售的是改进版的双发动机"鬼怪"战斗机，这种飞机被重新设计命名为F-4F。诺斯罗普（Northrop）公司销售的是全新设计的P-530（F-5）飞机，预计于1976年制造完成。洛克希德公司销售"矛骑兵"飞机，承诺于1973年交付使用。那一年，我们没有与北大西洋公约组织国家达成协议，继续向海外推销"矛骑兵"飞机。美国空军一直想研制一种新型飞机，所以我们也没有向他们销售。

在向各国销售飞机的过程中，还发生了一件趣事。我们带着"矛骑兵"方案启程去欧洲的那天，我们的一个竞争对手也沿着同一条路线去销售他们的飞机。几个月以后，我们发现我们双方都是通过同一家海外市场营销咨询公司获得消息，这家公司从我们两家公司获取报酬。

美国空军当时正在考虑研制两种新型战斗机——F-14和F-15。

时间回到1969年，我曾公开质疑这些飞机是否真的可以与性能最优良的苏联战斗机匹敌。尤其是F-15飞机的造价太高，远超出必需，而一架更小、造价相对低些的飞机完全可以满足要求。

美国空军前部长斯图尔特·赛明顿（Stuart Symington）当时担任密苏里州的参议员。他特别希望他的州可以签下F-15战斗机的合同。他把我和洛克希德公司的董事会主席丹·霍顿（Dan Haughton）一起叫了过去，对我们说，不管我们是否高兴，F-15飞机的合同将会交给麦克唐纳公司，让我不要再争辩。霍顿被施加了很大压力，承诺会看看我，不让我争辩，但是我可没有这样承诺过。

我们洛克希德公司曾主动向美国空军提交一份关于一种先进高机动性轻型战斗机的设计提案，并承诺以绝对最低的费用在一年内将飞机交付使用。我们列出了十几个在其他项目上曾与我们合作过的供应商，包括制造喷气式发动机的普惠公司，以及提供军备、瞄准器、机轮、轮胎等整套配件的其他供应商。这种新型飞机真的非常棒，名为 X-27，后来改为 X-29。它是一种全新设计的飞机，尽管仍沿用 F-104 飞机的机头设计。因为根据我们发射的几百万发炮弹，机头的设计被证实是可行的。我们甚至建议在这架飞机首飞时就进行射击测试，以证明它具有战斗机的性能。

当时的美国国防部副部长戴维·帕卡德，对我们的提案印象非常深刻，但是当时的美国空军部长小罗伯特·西曼斯（Robert Seamans Jr.）不喜欢用这种方式购买战斗机。他更倾向于传统的方式：首先制造试验型飞机，然后再制造生产型飞机。

对美国空军的这种采购策略，我并不同意。

"这种飞机还没那么先进，不能直接把'X'试验机发展成生产原型机，"我争辩道，"我在图纸上画的每一条线都考虑到它的生产。为什么要制造两次原型机？"

我们几乎就要拿到这种飞机的制造合同了，但是最后还是与其失之交臂。原因是洛克希德公司在 1971 年遇到了财政问题。公司首先失去了美国军方几份固定价格的合同，然后公司新型 L-1011 商务运输机的发动机生产商——英国劳斯莱斯（Rolls-Royce）公司意外破产，导致公司面临危机。洛克希德公司的前途未卜，美国空军很坦白，他们不能冒险与这样的公司签订合同。

我相信，正是因为我们的提议，美国空军才最终决定就轻型战斗机的设计招标，但是至少还要等 10 年，他们才能获得这种飞机。他们选中的通用动力（General Dynamics）公司花费了几乎 3 倍的成本，生产了两次原型机，但飞机的性能与我们的差不多。那就是 F-16 飞机。

如果军方将研制试验机的 1% 或 2% 费用同时用于计划生产，将会节省很多时间。

打个比方，如果将"臭鼬工厂"研制 F-104 飞机的方法应用在新飞机的采购上，也会节省很多钱。

在 F-104 飞机的研制过程中，我们每次向生产主任阿特·菲尔埃克提供制造试验机的某个零部件图纸时，都会把同样的图纸发给一些生产工程师，并告诉他们："寻找各种可能的方法来制

凯利与首架"喷气星"的合影。这种飞机曾被认为永远不会获得商业成功

造这种零部件，消除它们对飞机的阻力、维修或成本方面的负面影响，你们可以对它们产生积极的影响。"

完成原型机的制造后，对于如何制造生产型，我们获得了一份很厚的报告。我们坐下来看了 3 天报告，然后从各个方面选出制造这架飞机的最佳方法。据我估算，每架飞机可以节省成本 10 000～20 000 美元，而我们总共生产了约 2 500 架。

我们必须考虑飞机的制造成本，因为飞机的制造费用越来越高，以至于飞机与其功能不匹配。目前一架战斗机（包括所有设备）的造价已经超过 3 000 万美元，这还没有包括飞行员的费用。我能预见有一天飞行员留在地面上遥控一架装有导弹的无人战斗机。我认为采用最新的电子科学技术，遥控很有可能实现，可以节省飞机的成本。当然，也可大大节省人力，更不用说飞行员的生命安全。遥控值得考虑。

第十三章

与"幽灵"们一起工作

不论 U-2 飞机过去曾经做过什么,将来会做什么,在公众心中,它始终是一种"间谍飞机"。只因为 1960 年 5 月 1 日,弗朗西斯·加里·鲍尔斯驾驶 U-2 飞机在苏联上空为美国中央情报局执行摄影侦察任务时被击落。

这种飞机的用途非常广泛,可用于高空气象研究、地球资源勘测、通信卫星、航空测绘和摄影侦察等。

它最初的设计用途就是侦察,尽管第一次对外公布时掩饰了它的真正用途。

1956 年 5 月 7 日,星期一,美国航空咨询委员会召开新闻发布会,宣布"启动一项新研究项目",一种"新型飞机,洛克希德公司生产的 U-2 飞机……预计可在 10 英里的高空进行常规飞行"。

美国航空咨询委员会主任休·L. 德莱登(Hugh L. Dryden)解释说:

> 未来的喷气式运输机将在环绕地球的航线上飞行……飞行高度将高于目前大多数飞机达到的高度,只有几种军用飞机可以达到这种高度。新型飞机将帮助我们获得必需的数据……关

于高空阵风气象的数据……以一种既经济又迅速的方法。

美国航空咨询委员会在新闻发布会上指出这种飞机专门用于研究特定高度的晴空湍流、对流云、风切变和喷流，同时也用于研究宇宙射线和大气中某些元素的浓度，如臭氧和水蒸气。

发布会继续宣布：

>获得这些信息后，未来的空中旅行者有望享受比现在更快、更安全、更舒适的空中旅行。
>作为美国航空咨询委员会的扩充项目，洛克希德公司也将为美国空军生产几架这样的飞机。
>第一批数据将覆盖落基山脉（Rocky Mountain）地区，由从内华达州沃特敦区起飞的飞机获得。

这一切都是事实，只是长远目标是这样的。

同时，考特兰特·格罗斯发出了一份协调洛克希德公司各执行部门工作的内部备忘录，将这种飞机描述为"常规的平直翼设计，机翼载荷轻，可在 50 000～55 000 英尺高空进行常规飞行，动力装置采用单台普惠公司的 J-57 发动机"。

此外，内部备忘录还宣布：

>我们自筹资金生产了一架原型机，其出色的高空飞行能力迅速吸引了军方的注意力。美国空军与我们公司签订了一份生产少数飞机的合同……
>这次研发工作在凯利·约翰逊的指导下完成。上个月，他刚被任命为主管研发工作的副总裁以及加利福尼亚分公司

的特殊项目主管……

美国空军在与原子能委员会（Atomic Energy Commission）联合试验的项目中发现，U-2 飞机是一种性能优良、经济实惠的飞行平台。出于这种原因以及飞机的试验性质和试验设备，进一步的细节需要保密。

同年 7 月 9 日，美国航空咨询委员会召开的新闻发布会报道了 U-2 飞机的海外作业情况。

标题为："高空研究项目具有一定价值"。

洛克希德公司制造的 U-2 飞机进行为数不多的几次飞行后，就获得了有关 10 英里高空阵风气象条件的初始数据，这证明了这种飞机在该用途的价值……

最近几周内，U-2 飞机在英国莱肯希思（Lakenheath）空军基地进行了几次采集初始数据的飞行。美国空军气象服务中心（Air Weather Service）提供了后勤及技术支持。这项计划还在继续，我们将在世界其他地区进行采集数据的飞行。

新闻发布会一共发出 6 页新闻稿，列举和介绍了飞机上安装的大气数据采集仪器。

U-2 飞机的设计早在几年前就开始了。1953 年，洛克希德公司就知道美国急需能够侦察苏联导弹及其他军用设施的飞机。这种飞机可以安全地飞过苏联领空，并带回有用的数据，而且这种飞机即刻就需要。

我最初的想法是研究已经成熟的 F-104 飞机的设计方案是

否适用于这项任务，并把这个项目安排给了初始设计部门的菲尔·科尔曼和吉恩·弗罗斯特（Gene Frost）。不久以后，结论出来了，很明显，我们唯一可以保留的只有 F-104 飞机的方向舵脚踏板。我们必须开始一种全新的设计。

U-2 飞机的设计有很多要求。飞机必须能飞到 70 000 英尺以上的高度，才能确保飞机的水汽尾迹不会被发现，从而保证飞机不会暴露；航程应超过 4 000 英里；飞机应具有异常优良的飞行特性，为高空清晰摄影提供稳定的平台；飞机应可以携带最好、最新型的摄像机，同时安装有用于导航、通信及安全保障的电子装置。

我们起初向美国空军展示设计方案，但设计方案因为过于乐观而被否决。他们怀疑没有一种发动机能在我们设计的飞行高度下正常运转。应该说，在这方面他们是正确的，因为当时确实没有证据证明这种可能性。当时美国空军已经让马丁公司研制一种新型飞机——双发动机飞机。他们认为这种双发动机设计更优于我们的单发动机设计。

但是，后来我们的设计方案被送到了特雷弗·加德纳（Trevor Gardner）那里。他当时是空军研究与发展部的部长助理，也是一位才华横溢的工程师。1953 年底，他邀请我到华盛顿商讨这个设计方案。他召集了一个由科学家和工程师组成的委员会，对我严加盘问了 3 天。自大学考试以来，我从未经历过这样的"考试"。他们的问题涵盖了飞机设计和性能的各个方面，比如稳定性、操纵性、动力、燃料等。

后来，我又见到了空军部长哈罗德·塔尔博特（Harold Talbott）、中央情报局局长艾伦·杜勒斯（Allen Dulles）和他的得力助手拉里·休斯顿（Larry Houston）先生以及其他一些名人，并与他们一起共进午餐。他们问我如何确保洛克希德公司可以完成我的提议——用大约 2 200 万美元制造 20 架飞机（包括零部件），并且确保第一架飞机在 8 个月内进行首飞。这时，唐纳德·帕特将军亲切地主动说："他已经证明 3 次了——在 F-80、F-80A 和 F-104 飞机上。"

加德纳向我强调了这个项目的保密性。我知道为了这个项目，我基本上已被征募，变成了一个"幽灵"——情报界对特工们的称呼。在我返回伯班克之前，他们告诫我，只能与罗伯特·格罗斯和霍尔·希巴德商议这个项目。尽管格罗斯和希巴德派我到华盛顿前就指示过我不要再接任何设计新型飞机的任务，因为工厂已经在进行好几个军方的项目了，但是他们还是同意协助这个重要的设计任务。后来，特雷弗·加德纳亲自会见了格罗斯和希巴德，正式确认了合同。

我共召集了 25 名工程师（包括自己在内），组建项目的试验部门，阿特·菲尔埃克仍然负责车间。后来成员慢慢增加到 81 人。

华盛顿那边决定由美国中央情报局直接管理这个项目并负责提供经费，美国空军负责提供发动机。出于这个目的，我们已经与普惠公司一起改进了 J-57 发动机。因为这时没有时间研发新的发动机了，我们不得不使用现有设备。

理查德·比塞尔（Richard Bissell）是杜勒斯的特别助理，被推选来直接管理这个项目。他是一名经济学家，但很快就精通各种工程事宜。他是这样描述他如何介入这个项目的：

一天下午，我被传令到艾伦的办公室，在事先完全没获得提示和通知的情况下被告知，前一天，艾森豪威尔（Eisenhower）总统已经批准了一项涉及超高空飞机的项目。

这种飞机将在欧洲、苏联以及其他国家的"禁入区"侦察和采集信息。我又转到了五角大楼,去了特雷弗·加德纳的办公室,和加德纳、美国空军的唐纳德·帕特将军、克拉伦斯·欧文(Clarence Irvine)将军及其他人一起商议如何组织和运转这个项目。

我第一次听到凯利的名字是在特雷弗·加德纳打给他的一次电话中。加德纳在那次电话中告诉凯利可以启动研发和生产20架U-2飞机。但是当时我们提出的进度计划几乎是不可能完成的。

美国空军司令部主管发展的副参谋长的特别助理O. J. 里特兰德(O. J. Ritland)上校担任首席项目经理,美国空军的利奥·P. 吉尔里上校担任他的副手。

我们的首要任务之一是要找到一个基地来运营这个项目。美国空军和中央情报局不希望这种新型飞机从爱德华空军基地或我们位于莫哈韦沙漠的帕姆代尔工厂起飞,所以我们调研了很多区域。内华达州及其周围有很多干涸的湖泊,这些湖床即便经过雨季雨水的浸泡也非常坚硬;核试验区附近的场地看来也很理想。比塞尔最后从总统那里得到指令:从给原子能委员会增拨的土地中拿出一块给洛克希德公司使用,以确保这个项目的绝对保密。

我和多尔西·卡默勒一起飞到准备作为试验基地的地方。我带着一个美国空军罗盘,他带着一些地上测量设备。清掉一些12.7毫米口径的空子弹壳和其他射击练习的残留物后,我们确定了最初的跑道方向。

为了项目的进行,我们需要铺路、建造飞机库、办公室、生活区以及一些其他设施。由于洛克希德公司没有获得在核试验区施工的许可，我们将图纸给了一家具有施工许可的承包商。当这家承包商准备投标工作时，另一家公司告诉他们："你要提防这家'CLJ'公司，我们已经在邓百氏（Dun & Bradstreet）[①]那里查了他们的信用，他们连信用等级都没有。"为了保密，我们用我名字的首字母作为公司的名字，所以他们肯定查不到。

7月，中央情报局、美国空军和洛克希德公司的相关人员开始搬进基地。

为了招募研发这个项目的相关机械师和技术人员，我们将项目命名为"来自天堂牧场的天使"。当然，使用"天使"一词，是因为这是一个高空飞机研制项目；而采用"天堂牧场"，是因为我们认为这样更吸引人。其实这是一个很滑头的把戏，因为所谓的"天堂牧场"只是一个干湖。在那里，每到下午，小于$\frac{1}{4}$英寸的石头都会被风吹得乱飞。

事实上，在"臭鼬工厂"内，我们委派员工到任何所需的地方去工作，从没有遇到任何困难，因为他们知道，不管我们委派他们去哪里，工作总是充满兴奋和挑战。如果工作环境非常艰苦，除了顶级的丰厚底薪以外，他们还可获得15%的奖金，外加生活费用。当然，出于保密考虑，他们不能带家属，但是当任务周期比较长时，每年至少可以回家一次。

保密要求非常严格。在我们递交了合同中要求的进度款的首批凭证之后，两张总计125.6万美元的支票直接汇到我恩西诺家的邮箱内。从那之后，出于谨慎，我家建立了一个专门的银行账户。

[①] 美国一家著名的商业信息服务机构。——译者注

"臭鼬工厂"的一条规则是资金必须按时支付，这点我们在合同中明确写明。我们将项目分块进行，每月汇报进度和所需费用情况。我们需要渐进式的支付，这样就不用为了支持政府任务而经常跑银行贷款，但有时候为了获得经费，我们还是要到处奔波。

在进行 U-2 飞机项目时，吉尔里上校有一次告诉我，未来 30 天的预付款项还没有拨出。的确，我已经通过报纸得知延期批准预算的消息，而且已经安排人去借钱了。我记得，金额为 200 万或 300 万美元，好在当时的利率只有 5% 左右。

当合同完成时，政府得到了真正的实惠：实际费用比合同款节省了 200 万美元，而且我们利用备用件多制造了 6 架飞机，因为 U-2 飞机的性能太好了，节省了很多备用件。

官僚作风造成的混乱有一次差点造成了 U-2 飞机的泄密。当然，这是可以理解的，因为它太机密了。1955 年，美国空军就名为 X-17 的武器系统向行业内发出一项招标公告。而 X-17 的设计显然抄袭了我们的方案，酷似我们最初提交的 U-2 方案。我在星期天的晚上发现了这件事以后，马上给比塞尔打了电话，指出这违反了保密性原则。当我于第二周在华盛顿向他和里特兰德出示空军的招标要求时，他们非常震惊。之后，我们去了加德纳办公室，比塞尔去了塔尔博特办公室。几分钟之后，这个招标就被撤销了。事实上，美国空军在此之前就已经向一家飞机制造公司支付了 300 万～600 万美元，但是比他们的招标方案更优秀的飞机——U-2，已经要进行试飞了。

在那年的 7 月，"牧场"项目准备就绪，首架 U-2 飞机已经被拆分妥当。我们在 7 月 24 日凌晨 4 时 30 分抵达工厂，将这架飞机的拆分部件装入 C-124 飞机，准备运往内华达。我们随后乘坐C-47飞机前往内华达。

但是该基地的指挥官拒绝C-124飞机着陆，因为跑道的水泥路面铺设得太薄，而正常的飞机轮胎压力太高。我们认为，如果放出飞机轮胎内大部分的气体，那么飞机着陆时，轮胎压在跑道上的面积会增大约3倍，路面就会安全。这种解决问题的办法很新颖，当时还没有成为基地的正常操作程序，所以基地指挥官不会也不可能同意。我们不得不打电话到华盛顿。获得地方当局的特许批准后，我们降低轮胎的压力，直飞内华达，然后在软跑道上完成了一次完美的着陆。我测量了冲击区域，最深的压痕只有$\frac{1}{8}$英寸。如果我们没有想出这个不同寻常的方法，就必须在其他地方着陆，然后再经过一番颠簸把U-2飞机部件拉过来，原计划的飞行时间就得延期一周。

飞机的首飞没有按原计划中的日期进行，飞机在测试飞行员托尼·列维尔做滑行试验时就飞起来了。这种飞机非常轻，在第二次滑行时，直到飞机已经离地约35英尺，托尼才意识到飞机已经飞起来了。但当他尝试着陆时，可恶的飞机却不想着陆，它可以在发动机空转的情况下飞行。托尼设法让它弹跳着着陆，在这个过程中，后起落架被撞弯了一点，但我们很快就修理好了。这次非正式首飞发生在1955年8月4日。

托尼在暴雨中完成了正式的首飞，飞行高度达到8 000英尺。起飞前，湖床还是干的，但是他刚飞到北部，天就下雨了。我乘坐C-47飞机"追逐"并观察，U-2飞机飞得非常漂亮，但是托尼再一次遇到了着陆问题。他将飞机尾部抬高，飞机弹跳得非常厉害。在我和他说上话之前，他又尝试了5次着陆。我们发现，如果后起落架和主起落架同时着陆，或前者比后者稍稍提前的话，飞机的着陆就完成得很好。虽然着陆特性

第十三章 与"幽灵"们一起工作 147

无论以何种标准衡量，U–2飞机的研发都是技术上的巨大成功

带有"美国空军"标志的高空航行飞机

很不正常，但是仍在预计范围。

U-2 飞机着陆后 10 分钟，湖中就已经积了 2 英寸深的水。这太不可思议了，因为过去 5 年的年平均降雨量才是 4.3 英寸，而我们在后来两周内遇到的降雨量就达到了过去一年的水平。

那天晚上，我们所有人以喝啤酒和掰手腕比赛的方式来庆祝 U-2 飞机的首飞。得益于早先做过的钉板条工作，我非常擅长喝啤酒和掰手腕。"臭鼬工厂"有一项规定：不论工人、工程师还是管理人员，全体员工都要观看飞机的首飞，然后举行传统的庆祝活动。

为了见证"正式"首飞，8 月 8 日，我们从华盛顿邀请了我们的客户。那天的飞行非常成功，飞行高度达到 35 000 英尺。

从那以后就是干、干、干：制造飞机、投入运营、地面训练，以及训练飞行员、维修人员和军方驾驶员。

没过多久，也就是首飞后八九个月，U-2 飞机就开始投入使用了，其中两架被部署在伦敦东北部的美丽的莱肯希思地区。它们在 70 000 英尺高空进行飞行练习时，被英国防空护卫队（British Air Defense Force）发现，然后英国皇家空军试图接近它们进行调查。

当时英国和苏联两国的关系非常紧张，原因是一个英国蛙人因侦察一艘停泊在英国境内的苏联巡洋舰而被杀。U-2 飞机的出现使这种敏感的局面更加恶化。1956 年 6 月，飞机被转移至德国，首次在莫斯科及列宁格勒上空飞行。

几次飞越别国领空受到外交抗议后，这个任务被搁置了一段时间，然后又继续进行了。起飞地点不断变化，U-2 飞机在苏联上空或其边境附近持续侦察了 4 年，直到鲍尔斯驾驶的飞机被击落。

他从巴基斯坦起飞，计划飞过苏联，然后到达挪威。他当时驾驶的 U-2C 飞机安装了新改进的普惠发动机。这种发动机可以使飞机的飞行高度比原来的 U-2A 飞机高出 3 000 ~ 5 000 英尺。根据 U-2 飞机早期飞越苏联领空时拍摄的照片，大约有 35 架战斗机试图爬升上来拦截 U-2 飞机，它们在拍摄区域的上空形成一片铝云。

在 U-2 飞机于苏联领空飞行期间，苏联人也在努力改进他们的 SA-2 导弹和雷达系统。当苏联领导人尼基塔·赫鲁晓夫（Nikita Khrushchev）宣布他们在斯维尔德洛夫斯克（Sverdlovsk）西部击落了鲍尔斯驾驶的飞机后，我们试图还原当时的情景。我们模拟了鲍尔斯执行的飞行任务，研究了当时可能损坏的飞机部件以及导致他失去巡航高度的原因。我们发现不论是飞机还是飞机系统都没有值得怀疑的问题。这一切使我们相信：飞机确实是在苏联高空被击落的。

但当他们发布一张被击落的飞机的照片后，我知道那不是 U-2 飞机，并且相信那是一架他们为了打落 U-2 飞机而不巧击落的自己的飞机。他们展示的东西很显然是用履带车的平铲堆积起来的，还有一些学生在上面跑来跑去。不用费很大脑力去思考，就会知道他们不会那样处理俘获的 U-2 飞机——允许孩子在上面玩耍。中央情报局让我揭露一点细节来刺激他们，让他们多暴露一些事情的真相。所以，我向他们提出了质疑。

"不，"报纸上引用了我的话，"那不是 U-2 飞机。"也就是在那时，安全部的人员建议我不要每天沿同一条路线上下班，不要形成固定的活动模式。在研制 U-2 飞机和其他秘密飞机的那几年里，我睡觉时总会在身旁放一把自动手枪。

这个激将策略起效了。他们在莫斯科展示了真正的 U-2 飞机。出色的新闻记者拍摄回来大量照片，《生活》（*Life*）杂志的卡尔·迈登斯（Carl Mydans）更是拍回了完整且高清晰的照片。从这些照片中，我们可以确认很多事。飞机的双翼都向下弯折断裂，而不是由于关键结构被导弹碎片穿透；没有照片拍到水平尾翼，而且右侧安定面不见了，这种损坏可能是紧急着陆造成的，但是垂直尾翼保持得相对完好，这又说明不可能发生紧急着陆。

由于 U-2 机翼的设计弧度很大，形成很大的俯仰力矩，如果没有尾翼面保持平衡，飞机会立刻翻过来，情况严重时，双翼会向下弯曲断裂。在早期测试时，这种情况只发生过一次。那一次，驾驶员在高速巡航时伸展襟翼，导致水平尾翼损坏。这发生在几秒钟之间，加速度很大，机身通常进行倒尾旋。

1962 年 2 月，美国政府用一名苏联间谍换回了鲍尔斯。我很快和他见了面，并谈及此事。他的描述与我们的推断吻合。

根据我们的推断和鲍尔斯的陈述，那天鲍尔斯驾驶 U-2 飞机在巡航高度飞行时，可能被一枚 SA-2 导弹射中了右侧安定面。然后可以想象，在高速飞行下，飞机立刻翻转过来，双翼向下弯曲折断。鲍尔斯坐在只剩下一半尾翼的机身内，没有使用弹射座椅，而是打开机舱罩逃生。

当时飞机正处在剧烈的自旋中，他被挂在了支撑的挡风玻璃上。他试图按下自毁按钮来摧毁飞机——飞行员弹射 10 秒钟后，飞机启动自毁程序，但是他没能触到开关。我们模拟了当时的情况，他在身体受力的情况下确实做不到，后来他不得不放弃。他最担心的是机身和摇晃的尾翼在下降过程中穿透他的降落伞，但是他毫发无损地降落在一家农场里，不过很快就被抓了。

1962 年 2 月 21 日，我向政府递了交结论报告。结论如下：

第十三章 与"幽灵"们一起工作

鲍尔斯非常清晰地描述了事故的经过，这给我留下深刻的印象。我对他被俘后应该做的事做了直接了解，也很愿意拿出一笔资金来奖励这名军官在极其困难的环境下做出的表现。通过提问他从飞机逃生后的一些细节，我非常满意，他并没有向苏联透露过多信息。

鲍尔斯后来加入了"臭鼬工厂"，为我们工作。

U-2飞机不再用于侦察苏联领空后，改用于其他很多任务。但是在执行侦察任务期间，它为美国收集到很多重要情报，而且在很多年内，没有一架飞机的摄影能力能超过U-2。直到后来，洛克希德公司的"阿金纳"（Agena）卫星和SR-71飞机才具有这种摄影能力。

U-2飞机是一种性能特别优秀的飞机，真的与"U"这一称号相配，因为"U"代表多种用途。U-2飞机还可以用于高空气象研究，正如最开始研制时对外宣称的那样。事实上，U-2飞机为美国航空航天局进行了很多大气和地球资源方面的勘测工作。进行这项任务的是最新型号——ER-2飞机，"ER"是"地球资源"（earth resource）的意思。ER-2飞机比前身U-2飞机飞得更高、更远。

在海军军演时，U-2C飞机在"小鹰"（*Kitty Hawk*）级航母和其他航母上起飞、降落。后来的改进型U-2R飞机在航母上的表现更优秀，尽管它的100英尺翼展比之前的80英尺多占了一些地方。

截至1965年，U-2飞机已经服役快10年了，非常老了。我们开始计划建造U-2R飞机。普惠公司的J-57型发动机的功率提升了20%，所以我们的飞机可以承受更大载重。我们必须降低机翼的载荷，尽可能增长翼展，增长到 100 英尺，这样机翼面积就不是之前的 600 平方英尺了，而是 1 000 平方英尺。驾驶舱增大了 45%，使执行长时间飞行任务的驾驶员感觉更舒适。同时，我们对机内设施和地面服务也做了些改进。

这种飞机在东南亚地区服役了 4 年之久，其调度准备就绪的纪录在指定的 15 分钟内，出勤率达到 98%。飞机的有效性与大型宽机身客机一样优秀，而且它的成绩是在布满蛇虫的丛林地区以及极度缺少维修人员和维修设备的情况下取得的。

当"马亚圭斯"号（*Mayaguez*）船被扣留之后，我们的通信卫星因故无法发出任务指令时，美国用一架 U-2R 飞机作为美

在加利福尼亚州的伯班克地区，洛克希德公司的"臭鼬工厂"正在生产 SR-71 飞机

国军方的通信连接。在那3天里，这架飞机停留在高空值勤的时间超过了27小时。

如果没有U-2飞机告诉在战区的B-52战略轰炸机的飞行员敌机要来袭击，B-52飞机的飞行员就不会防备，也不会出击。

"R"型飞机能在70 000英尺的高空以每分钟近9英里的速度飞行，并搜索地平线300英里范围，还可以捕获敌方的雷达和通信信号。这种飞机可以在高空停留10小时之久，是一种非常出色的早期预警机。配合海军使用时，这种飞机可以从陆地上起飞，也可以在航母上着陆补充燃料，然后再起飞。我认为有一天海军会这样使用U-2飞机。

在美国空军服役的最新型U-2飞机是TR-1，"TR"代表"战术侦察"（tactical reconnaissance）。这是由美国空军的戴维·C.琼斯（David C. Jones）将军当场命名的。他当时任参谋长联席会议的主席，说："我们要摆脱U-2这个名字。"即便是军方，也对"间谍飞机"的称呼很敏感。"嗯，我们称它为TR-1吧，战术侦察机一号。"

TR-1飞机于1981年进入美国空军开始服役。TR-1飞机和ER-2飞机都是U-2飞机的最新改型，比原先的飞机大40%，翼展为103英尺，机身长63英尺。这两种飞机的合同是美国空军和美国航空航天局共同商议的结果。ER-2飞机可以根据不同任务，更换机头；TR-1飞机无须进入别国领空，就可以通过超先进的传感器，从非常高的高空识别敌人防线后的目标和潜在威胁。

当初，为了使TR-1飞机具有超长续航能力，我们花了很多年时间进行研究。现在我们可以借助很多东西，但是当时研制U-2飞机时，我们却进行得非常艰难，那毕竟是30年以前的研究！现在有很多新科技，诸如硅片、光纤、各种复合材料，但是我不认为采用这些新科技就可以让亚声速飞机飞得更高。当然，这也是我们转向下一个项目的原因：研制 SR-71 飞机，获得更高的飞行高度和更快的飞行速度。其实，在 U-2 飞机投入使用时，我们就已经着手设计 SR-71 飞机了。

"1956 年，U-2 飞机首飞后的一年，"比塞尔曾说过，"我得出一个结论，我们应该着手研制 U-2 飞机的后继机，因为很明显，迟早有一天 U-2 飞机会很容易被拦截。"

第十四章
秘密飞行的"黑鸟"——3倍声速

1964年2月29日,美国当时的总统林登·约翰逊(Lyndon Johnson)向外界透露美国秘密研制了一种飞机:

美国已经成功地研制出一种先进的试验型喷气式飞机A-11。这种飞机已经在70 000多英尺的高空以2 000英里的时速接受了持续性测试。

A-11飞机的性能已经远超当今世界上其他任何类型飞机……

飞机的研制于1958年启动……位于加利福尼亚州伯班克地区的洛克希德公司负责它的研制工作。这种飞机采用的J-58发动机由联合飞机公司(United Aircraft Corporation)的普惠分公司设计及制造。飞机的试验型火控和空对空导弹系统由休斯飞机公司(Hughes Aircraft Company)负责研制。

考虑到这些研发工作对美国国家安全的长远重要性,A-11飞机的一些详细性能仍属严格保密状态,所有与该项目相关的个人应该遵守指令,谨防泄密……

1964年7月24日，总统在发布会上宣布美国已经研制成功了一种新型间谍飞机。

我很高兴地宣布，一种重要的新型战略载人飞机系统已经研制成功，它将服务于美国战略空军司令部（Strategic Air Command）。这种系统使用新型SR-71飞机[①]，它是一种先进的远距离战略侦察机，可以为军方提供军事行动所需的世界范围内的战略侦察……

SR-71飞机配有世界上最先进的战略侦察系统，能以超3倍声速的速度飞行，飞行高度可达到80 000英尺以上。它使用世界上最先进的全天观察设备……拥有优秀的侦察能力……SR-71飞机使用的发动机与之前宣布的试验型截击机相同，即J-58发动机，但是载重明显增加，而且航程也增长了。载重的增加允许飞机携带美国战略空军司令部要求的多种侦察探测设备，可以在军事环境里完成战略侦察任务。

这项价值10亿美元的项目已于1963年2月启动。首架飞机将在1965年初试飞，之后战略空军司令部会快速部署生产……

1964年12月23日，美国国防部对外发布了新闻：

美国空军的SR-71飞机于昨日在加利福尼亚州的帕姆代尔首飞。它是一种新型的远距离战略侦察机。

这种飞机由洛克希德公司生产，并且由他们的测试飞行

---

① SR-71飞机是以A-12侦察机为原型设计的，是第三代"黑鸟"。——译者注

员罗伯特·吉利兰（Robert Gilliland）试飞，在空中飞行了约 1 小时。

……全部的测试项目都达标。

这种飞机将于 1965 年被派往战略空军司令部服役。该司令部位于加利福尼亚州马里斯维尔（Marysville）的毕尔空军基地（Beale Air Force Base）。

U-2 飞机刚投入生产，我们就着手设计它的后继机了。

U-2 飞机可供改进的地方很少，所以设计新型飞机已成为必然。我们自己制定了设计要求，那时并没有官方提出的要求，只是我们自己需要这样做。我们知道需要一种飞得更高、更快的飞机。

通过研究 U-2 飞机的缺点，我们决定设计另一种飞机。它可以在 80 000 ~ 85 000 英尺的高空以超过 3 倍声速的速度飞行，具有优异的机动性能来躲避苏联研制出的 SA-2 导弹。它在飞行过程中能保持足够稳定，即便在 90 000 英尺以上的高空也可以保证良好的摄影质量。这种飞机必须保留 U-2 飞机的优点——能够拍摄地面上非常小的物体，但速度是 U-2 飞机的 4 ~ 5 倍。我们希望通过 KC-135 加油机的几次半空加油，使这种飞机具有环球飞行能力，并要求它的雷达反射截面积足够小，小到很难被探测到。

从 1958 年 4 月 21 日到 1959 年 9 月 1 日，我向美国空军及中央情报局的理查德·比塞尔提出了一系列关于速度超过马赫数 3 的侦察机方案。比塞尔是审查委员会的主席，他不愿意在没有竞争的情况下，将 U-2 后继机交予制造 U-2 飞机的同一家公司设计。但仔细考虑了其他几个公司的方案后，他最终决定让洛克希德公司继续设计这种飞机。

有些公司给出的方案很有趣。

海军的一个内部机构也给出了方案：一种充气式橡皮飞机。它由一个气球带到高空，然后通过火箭推力系统加速到冲压喷气式发动机的点火速度，但这个方案很快就被证实不可行。如果想拉起这种飞机，气球的直径必须达到1英里，而飞机设计的机翼面积为$\frac{1}{7}$英亩。

康维尔（Convair）公司给出的设计方案是一种利用冲压喷气式发动机推进、时速为马赫数4的飞机。这种飞机也必须由另一架母机运到空中，在超声速下将其发射，达到冲压喷气式发动机的点火速度。很遗憾，发射这种飞机的母机为B-58飞机。带上这架飞机后，B-58飞机就不能再达到超声速。即便可以达到超声速，在机动飞行过程中，冲压喷气式发动机也有熄火的可能，飞机驾驶员的安全存在问题。

当时马夸特（Marquardt）冲压喷气式发动机的总飞行时数不足7小时。"臭鼬工厂"制造了一种冲压发动机的试验飞行器X-7，为波音公司的波马克（Bomarc）导弹作试验动力装置。马夸特冲压喷气式发动机的总飞行时数主要是从这个试验飞行器上获得的。

1959年8月29日，我们提出的一系列方案中的A-12方案[①]最终胜出。比塞尔只给我们非常有限的时间，所以我们必须在4个月内就完成模型试验、制造一架全尺寸样机，以及研究这架飞机的具体电子性能。

1960年1月30日，我们收到了设计、制造和测试A-12飞

[①] 由A-11方案演化而来。——译者注

机的完整许可指令。

这种飞机的代号为"牛车"(Oxcart),是从一堆精心伪装的名称中选出来的。很显然,"牛车"是一种移动缓慢的物体。应中央情报局的要求而设计的这种飞机后来产生了多种改型供美国空军使用。第一种改型就是为美国防空司令部(Air Defense Command)研制的远程战斗机。同年3月16日至17日,我们与哈尔·埃斯蒂斯(Hal Estes)将军初步讨论了这种远程战斗机。后来,它被命名为YF-12A。

1961年1月,我向美国空军副部长约瑟夫·查理克(Joseph Charyk)博士、U-2飞机的项目负责人利奥·吉尔里上校以及美国空军财务官卢·迈耶(Lew Meyer)递交了一份关于一种战略侦察机的提案。提案最初遭到一些部门的反对。他们认为这项提案会和北美飞机制造公司的超声速轰炸机B-70项目争夺经费。而对于B-70轰炸机,当时存在很多争议。但是后来,他们还是同意我们将A-12飞机改型为SR-71飞机,它至今仍是美国空军主要使用的侦察机。A-12飞机还有第四种改型——D-21无人机。

A-12飞机成为后来的"黑鸟"——我们采用躲避雷达的"隐身"(Stealth)技术研制的第一种飞机。在U-2飞机投入使用并遍布世界各处时,我们曾试图将这项技术应用到U-2飞机上作为一种改进。为了达到"隐身"的目的,飞机必须具备一定的特性,而且必须从一开始就具备,而不是后来加上去的。只有从最初的飞机三面图设计开始就加入,"隐身"技术才能有效。我们曾在速度超过马赫数3的飞机上试验过。

我们早期就曾用X-17试验飞行器以马赫数4的速度飞行了几秒。X-17是继X-7出现之后的冲压喷气式发动机的试验飞行器。要使飞机以马赫数3.2的速度保持长时间飞行,恐怕是"臭鼬工厂"和我职业生涯中遇到的最困难任务。在研发的早期，我承诺：如果谁可以轻易完成这件事，我给他50美元。其实我应该出1 000美元，因为没有人想出办法，这笔钱还在我这儿。

要使飞机在这样的高度以这样的速度飞行，需要研制开发一些新东西，包括特殊燃料、结构材料、制造设备和工艺、液压油、油箱密封剂、喷漆、塑料、导线和连接插头。飞机的基本框架和发动机也需要重新研制。总之，与这种飞机相关的一切部件都需要重新研发。一切部件！

为了找到合适的燃料，我们最开始考虑使用一些稀有燃料，如液态氢、煤浆、硼泥浆。

飞机采用液态氢作为燃料的研究实际上已经开展很长时间了，几乎就要签订制造飞机合同了。这个想法很不错。尽管飞机非常大，但液态氢燃料的重量很轻。如采用普惠公司生产的专用发动机，飞机的巡航高度可以超过100 000英尺。这个高度超过了"黑鸟"后来达到的高度，尽管速度和航程不如"黑鸟"。只是我们研究越深入，发现问题越多。

采用液态氢方案的CL-400飞机实质上就是一个巨大的飞行真空瓶。液态氢需要进行严格的隔热处理，确保处于低温状态，尽可能接近绝对零度。另外，将液态氢从美国工厂运到飞行基地也是行不通的。C-124飞机的整个编队运送的液态氢燃料只够几架飞机的飞行使用。没有一个国家会允许我们携带如此多的燃料从其领空飞过，或允许美国在他们的港口停放一艘船并在当地液化加工氢。

我们请波默罗伊公司（Pomeroy Company）在我们的飞机工厂和莫哈维沙漠的帕姆代尔机场附近设计一个液氢厂。这个液氢厂将消耗1972年和1973年洛杉矶市的天然气输入总量的10%。

一天,美国空军副部长詹姆斯·道格拉斯(James Douglas)和克拉伦斯·欧文将军来到洛克希德公司。他们问我:"凯利,进展如何?"

"来看一下吧!"我说,"这是舱内图,你们可以看到飞机从头到尾都是储存液态氢的地方,除了前面留有一个小驾驶舱位置。"

储存液态氢的容器不能是凸凹设计,不能有缝隙,也不能形状奇特,必须为圆柱形,且保证绝对隔热。在其他活塞式和喷气式飞机上,增加一些燃料就可以增加推力或延长航程,但是在液氢飞机上却不可以。例如,"星座"客机的总重量在整个发展期间增加了一倍,大多数战斗机同样也发生这样的变化,但是液氢飞机的油箱容积一旦设定了,就不能再改变了。我们可以采用外挂副油箱的形式,但是很难实现,因为空气的阻力会增加飞机的拖拽力。

所以部长和将军转向普惠发动机的设计责任人普利·普拉特(Perry Pratt),问道:"在发动机上也许可以有些突破。普利,发动机有何改进空间?"

"也许在未来5年内会有3%至4%的进展。"普利回答说。

总的说来,这是一个令人失望的预测。我们一致同意撤销这个方案,不再浪费任何资金。如果继续下去,那么在20世纪70年代出现能源危机时,我们也会遇到大麻烦。

将煤细磨成粉并混合轻油基和水,即可制成煤浆。这是一种可能的动力能源,可作为燃料注入发动机,但是细小的煤粒会损坏涡轮叶片。

我们也尝试过浆状的硼化合物,但是它使用起来非常困难,会堵塞发动机和加力燃烧室的喷嘴。

我们决定仍使用液态石油作为燃料,但是要在那样的高度和温差下飞行,使用的燃料必须非常特殊。要知道高空加油时温度为 –90 华氏度[①],超声速飞行时温度为 650 华氏度。

我们带着难题找到了老朋友詹姆斯·杜立特,他当时担任壳牌石油公司的首席执行官。这家公司曾为 U-2 飞机提供了我们称为 LF-1A(洛克希德轻油 1 号)的燃料。它对 U-2 飞机来说是一种非常好的燃料。壳牌石油公司联合亚什兰(Ashland)、孟山都(Monsanto)公司以及普惠公司再次为超马赫数 3 的飞机研制了一种新型化学润滑剂和燃料。我们称其为 LF-2A,当然美国空军对其另有称号。

为了研究这种燃料,壳牌石油公司付出了很多努力。这种燃料很贵,但是性能非常好。

在飞机设计中,这种燃料还可充当绝热剂。油箱不仅可以装燃料,还可以保护起落架。起落架可以收放在几个油箱中间。燃料的辐射冷却作用对橡胶轮胎产生了隔热效果,隔绝了飞机长时间飞行产生的高温,因此飞机着陆时不会再发生爆胎现象。

我们为超马赫数 3 的飞机选择结构材料时,自然就淘汰了铝材料,因为铝的金属性能无法承受机身的 800 华氏度的冲压温度。飞机的基本结构要用到高强度的不锈钢合金或钛合金,而雷达罩、驾驶舱和某些其他区域可能需要研制耐高温塑料。

与钛合金相比,不锈钢确实是一种更好的耐高温材料。那时洛克希德的佐治亚工厂正在为 B-70 超声速轰炸机制造不锈钢零

---

① 1 华氏度约合 –17.2 摄氏度。——译者注

部件。我去参观后看到，机身基本的蜂窝结构板的加工需要"无尘"环境。那实际上是一个大加压气囊，入气口和出气口都设置了气压阀，所有人都需要穿着白色的洁净服。为了保证无菌状态，还需要控制设备。

"臭鼬工厂"的一贯格言是："简单点，傻瓜！"事情越复杂，潜在的问题会越多。我认为生产不锈钢所需的条件对于"臭鼬工厂"来说太复杂了。因此，我们要在常规结构中使用那种经过10年测试的新型钛合金。

飞机的外形设计是经过多次风洞试验和其他测试决定的。从正面看，飞机就像一条吞食了3只老鼠的蛇。为了改进飞机，我们在机身上增加了边条来获得气动升力。当然我们设计的飞机中，有些也没有加边条，但大部分都加了。

在批量生产之前，我们认为先做出几个最复杂构件的试验样品是比较明智的做法。这些构件包括机头、基本机翼结构。

第一副机翼就失败了。当我们把机翼放进"热箱"里模拟飞行中遇到的高温时，它皱得像一块旧抹布。解决办法是将蒙皮壁板从各个方向与翼梁分开，并在蒙皮上加波纹槽和浅凹纹。当钛合金受热时，仅是波纹加深而已。有人指责我制造了一架马赫数3的福特三发动机飞机（Ford Trimotor），因为那种飞机全部由波纹铝板制成，但是这的确是一种解决问题的非常有效的方法。

飞机机头也出现了问题。我们把它放入"热箱"内研究飞行员和机轮的冷却要求。我们生产了6 000个零部件，只有不到10%是好的。零部件的材料太脆了，如果掉到地板上，就会破碎。

很显然，我们在哪里做错了。我们就加工过程中发生的氢脆问题咨询了钛金属公司（Titanium Metals Corporation），他们也不清楚是什么原因。所以我们否决了整套钛合金加工程序，采用钛金属公司在工厂制造原始压片及锻件的方法。

对于机头的热处理，经过几次初步试验后，我们把一种我认为最严格（任何地方都不会有）的质量控制程序应用到实际工作中。每生产 10 个零部件，就取出 3 个样品进行热处理和其他试验，如果出现不合格产品，同批的其他零部件都不能使用。我们将其中的一个样品装在抗拉强度试验机上进行强度测试；将另一个样品切下一个约 $\frac{1}{4}$ 英寸长的切口，并在切口处绕一个非常小的半径弯曲（半径为压片厚度的 32 倍），然后观察是否出现断裂。如果需要的话，第三个样品将被再次进行热处理。我们不想轻易扔掉整批零部件，因为它们特别昂贵。

我们也会追到滚轧工厂去看薄板轧制的方向是顺纹理切还是逆纹理切。在进行所有昂贵的加工前，我们先从用于制作起落架的巨大笨重的挤压毛坯中切出 12 个起落架样品。除非所有样品都满足测试要求，否则我们不会使用这块毛坯制作起落架。因此，"黑鸟"在服役飞行中没有出现任何起落架失灵的问题，除非硬着陆。

有很多次我都觉得我们除了制作测试样品以外，什么也没有做，但是测试期间付出的努力都是值得的。截至 20 世纪 80 年代初期，我们已经为"臭鼬工厂"的所有飞机、洛克希德 L-1011 商务运输机和大型军用货机生产了 1 300 多万个钛合金零部件。

钛合金是一种非常坚硬的材料，用它制成的零件不能像某些金属那样，可以任意挤压弯曲，然后装配到某个位置上。因此需要在更精确的公差范围内将其切割，加工时务必使其精确成形。由于精加工非常昂贵，在长期生产中，精加工节约了切削材料，操作人员在生产过程中几乎没有失误。

因此，我们必须研制一种大型水压机——它可以在超过 1 500 华氏度的高温和高压条件下将钛合金锻压成型。

钛合金虽然坚硬，但却是一种非常敏感的材料，很容易被腐蚀。我们很早就知道，如果技工在发动机附近操作，必须取出工具箱中的所有镀镉工具，因为镉屑剥落会腐蚀螺栓。当温度达到 600 华氏度以上，经腐蚀的螺栓只需要转 1~2 圈，螺帽就会脱落。我们必须杜绝钛和镉接触。

我们发现，如果翼板是在夏天制造的，那么翼板上的点焊缝在测试初期就会裂开；但是如果翼板是在冬天制造的，那么点焊缝始终不会裂开。我们分析所有工艺后发现，伯班克的供水系统在夏季会加些氯来减少水藻繁殖。如果我们使用纯净水清洗焊接处，就不会出现点焊缝裂开的问题。

钛合金零件的加工还需要一些特殊工具。当我们首次尝试在经过热处理的 B-120 钛合金上钻孔时，大约只钻了 17 个铆钉孔，钻头就彻底报废了。最终我们找到了德国公司生产的一种合适钻头。现在，我们可以用一个钻头钻 150 个铆钉孔，然后将钻头磨锐，还可以再钻 150 个铆钉孔。

我们不得不培训上千人，不仅包括公司的员工，也包括美国空军的机械师和三百多家承包商及供应商的员工，培训他们如何处理这些加工后的零件。在生产过程中，要改变那些老机械师的工作方法是件非常困难的事情。所以在"臭鼬工厂"里，这些老机械师被安排在试验车间内，在工程师的指导下参与研发。这是一个不错的策略：尽可能让员工参与整个计划，激发他们的兴趣，鼓励他们更好地表现自己。

制造第一架"牛车"飞机时，我们得到一个教训：不要相信颜色。我原来曾经坚持所有线路、管道和其他连接部件使用不同的颜色，目的是保证液压系统和其他系统的安装不会出错。但是那么多人一起工作，我发现其中10%的人为色盲。曾经出现过这么一个失误：一个零件弯过4英寸接在了错误的接头上。后来我们仍使用不同的颜色，但是同时将接头设计成了不同的形状，以方便区分。这些接头只能接入对应的接头，解决了患有色盲无法区分颜色的问题。

材料和生产工艺的问题只是我们遇到的难题中的一部分，还有各种系统问题，比如液压系统、电气系统等。

在米洛·伯彻姆殉职以后，我们给F-80飞机安装了辅助燃油泵。从那以后，系统的冗余已经成为我设计中必须考虑的一部分。"星座"飞机是第一种在整个助力控制系统中添加冗余设计的飞机；洛克希德L-1011大型客机在设计时增加了三重和四重系统；"黑鸟"飞机也有三重冗余系统。冗余系统可以增加飞机的安全保障，飞行员尤其喜欢。如果在初始设计中就开始考虑，成本只增加百分之零点几。如果从生命价值及避免飞机受损的角度考虑，这种带保护作用的冗余系统所增加的成本似乎就微不足道了。

液压油是另一个特殊难题。首先，我们咨询了所有供应商，看他们那里是否有可以在超过600华氏度下使用的高温油。有一个供应商写信答复我们，说有一种液体可以在960华氏度下使用。我立即请他们提供一份样品，样品装在一个帆布袋里寄来。我认为这种寄送液压油的方式真是太好笑了。我打开包装，却发现里面是一种白色的晶体。

是的，这种白色晶体在960华氏度下是液体，但在常温下是固体。使用时，必须先用吹管将其熔化在液压系统里。这种白色晶体应用在飞机上显然不合适,所以液压油也变成了一个研发项目。我们最终使用的是宾夕法尼亚州立大学（Pennsylvania State University）研制的一种基础液体,我们往里面添加了7种成分,使其在高温下仍然可以作为泵和其他液压传动装置的润滑剂。

还有其他几样小零件也很重要。飞机上的皮垫圈或O型橡胶圈在高温下也不能使用。钢材料可以解决这个问题,不论是在低温还是高温条件下都可以使用。油箱密封剂是另一种需要研发的物品。如果飞机油箱密封不严,燃油会渗漏在飞机库地板上,不过这种燃油引燃点很高,比普通燃油安全。

另外,仅是电气系统问题就会影响项目的成功。"牛车"飞机飞行时总会出现电气系统问题,没有一次能够做到无故障飞行。因为电气系统控制着自动驾驶仪、飞行控制系统和导航系统,电传感器控制着液压系统。

曾经,由于我们无法测出油压,我们17%的飞行不得不中断。我们不能冒着烧毁那些非常昂贵的发动机的风险飞行,所以只能为油温测量计安装冷却系统。

尤其关键的是,测量空气流量以便正确调节进气锥位置的电传感器成为我们最难解决的电气问题。我们怎么做也无法使这个电气系统在高空、高温、高度振动的条件下可靠地工作。为了解决这个难题,仅我自己就在测验基地花了6个星期时间研究。整个项目都搁浅了。最后,我们不得不为这个电气系统研制出一种特殊导线。我们采用一种耐高温的芳纶导线,并在超热部位将导线包上石棉。

此外,我们还设计了特种塑料。这种塑料不仅耐高温,而且雷达反射率低。

"黑鸟"得名于飞机表面的深蓝黑涂层。这种颜色是经过散热测试后才决定使用的，因为飞机在飞行过程中会发热并辐射热量。散热能力的差别会对飞机造成 50~80 华氏度的温差，所以是非常重要的因素。实际上，在高空中高速飞行时，随着机身温度升高，"黑鸟"机身的颜色会变成蓝色。

为了在飞机上漆上美国空军的徽章标志，我们不得不研发了一种特殊油漆，因为只经历一次高温飞行，普通油漆就会由红色变成褐色，白色会出现斑点。油漆完全黏附在飞机上也是一个问题。20% 的飞机表面由高温涂漆塑料组成，我们在上面做了许多小麻点。我们发现如果燃油溢漏，当机身温度接近 550~600 华氏度时，塑料表面会出现轻微的爆炸裂纹。因此，这种油漆必须既防油，又防水。

飞机上安装的各种有效载荷，如相机、非常精密的电子设备、导航系统、惯性系统，全部都是经过大量研发努力才研制成功的。

惯性导航系统非常有用。飞机起飞后，你可以输入 16 个不同的中途检查点，依靠自动驾驶仪在指定的速度、高度及方向下飞行。当驾驶员说："喂，返航！"导航系统就会指导飞机返航。

"黑鸟"飞机使用的发动机是普惠公司研发的一项了不起的成果。世界上只有一种这样的发动机。

最初它是专为美国海军飞机而设计的，只是那种飞机后来没有研发。当我们看到发动机的尺寸时，就觉得它应该适合高马赫数飞机。普惠公司在发动机内安装了我称之为"变速"的系统。当飞机速度达到每小时几千英里时，发动机变速系统会进入另一种循环，成为传统喷气式高压压缩机的旁路，变成冲压发动机，飞速运转。由于没有机械阻碍气流，飞机飞得越快，发动机运转越快。

最难解决的问题是如何在超声速飞行中使气流恰当地通过发动机的进气口和出气口。空气冲击发动机舱进气口处的尖端时遇到超过800华氏度的温度，然后膨胀，在进气道内要完成50:1的压缩，这非常复杂。这些都必须在气流不与进气道内壁分离的前提下才可以进行。

我们耗时几年才研制出了这种进气道，使发动机可以在所有飞行条件下运转。在早期阶段，气流分开时，发动机经常熄火。就在不到一秒钟的时间内，发动机发出的16 000至20 000磅的推力会变成16 000磅的阻力。由于周围发生的振动，驾驶员被撞向一边，甚至无法辨别哪台发动机熄火了。

我们通过在飞机方向舵上安装自动控制仪来解决这个问题。有了这个装置，驾驶员在0.15秒内就能感知发动机熄火和哪台发动机熄火，并依靠液压转向系统让方向舵反冲9度，使飞机继续保持水平飞行。

现在我们设计的飞机都安装了这样的自动启动装置。这个装置的性能非常好。SR-71飞机在东南亚服役期间，很多飞行员驾驶这种飞机执行艰巨任务时，从来没有出现过发动机熄火的现象。这倒引起我的担心，所以在飞行训练中，特地要求重新进行熄火练习。

尽管这种发动机的效率很高，但我与普惠公司的朋友开玩笑说，飞机在飞行过程中所需的推力只有17%来自发动机，我们设计的进气道和喷射器提供了剩余的推力。当然，如果没有那关键的17%，我们不会获得剩余的推力。

约翰逊总统第一次发布A-11飞机时，所用的照片实际是它的后继机YF-12A。在研发超3倍声速飞机的过程中，我们进行了一系列设计，从A-1到A-12，A-11只是一个设计编号。我们生产了12架A-12飞机。可能是出于安全原因，YF-12飞机的照片没有发布。之所以发表YF-12A飞机的照片，是因为YF-12A飞机的照片暴露它的功能较少。

1963年8月7日，YF-12飞机进行首飞。当时美国空军之前选定的高空拦截机出现了问题，然后他们接受我们的建议，打算设计制造一种远程、高空、高速的拦截机。哈尔·埃斯蒂斯将军要求我们采用休斯飞机公司设计的ASG-18雷达系统，并能发射休斯GAR-9导弹。这两者我们都安装了，但是需要进行大量的研发测试。

YF-12飞机的机身很大，可以很容易装下3枚大型导弹，但是还没有人在飞得这么高这么快的飞机上发射过导弹。后来，我们花了3年时间来研究这件事。

如何打开炸弹舱的门，将导弹发射出去并且完成点火？如何让导弹在设定的轨迹上航行，而不是在两个驾驶舱之间蹿上来？这些确实是需要研究解决的问题，因为即便在低速的飞机上发射导弹也非常困难。

为了使导弹远离机身，我们必须研制推进器。这种推进器可以产生两个力：一个力作用在导弹前端；另一个力按住导弹尾，将导弹推向下方。所有这些动作必须在几秒钟内完成，导弹被弹射到飞机下方约40英尺以后再点火。

在以超马赫数3的速度飞行的飞机上发射导弹，导弹本身会加速到马赫数4，所以加起来导弹在飞行中的最大速度可以达到马赫数7。我们曾在不同高度，从海平面到100 000英尺的高空，利用无人机发射导弹射击140英里以外的目标。经验证，不论在海洋还是陆地的上空，我们都可以击中目标，命中率超过90%。GAR-9导弹和ASG-18雷达系统表现都非常出色。在YF-12飞机上装载导弹的研究工作使当今的 F-14 飞机装上了"不死鸟"（Phoenix）系统。

3 架 YF-12A 飞机按照原型机合同生产。根据它们的服役表现，美国空军决定利用这种飞机为防空司令部组建一支航空队。亚瑟·阿甘（Arthur Agan）将军要利用这种新型飞机替换过时的 F-102 飞机和 F-106 飞机。他曾在公共场合说，如果没有充足的拦截机和广泛的雷达网，当总统乘坐"空军一号"从华盛顿飞往洛杉矶时，他都无法提供安全的保护。

在接下来的 3 年内，国会批准了 3 次预算，共拨付 9 000 多万美元，准备生产 93 架 F-12B 大型战斗机①，用于装备美国防空司令部。但是国防部长罗伯特·麦克纳马拉（Robert McNamara）受到他的"智囊团"误导，认为美国无须这种高性能飞机，美国的潜在对手跟美国空军没有任何可比性，而且任何飞机都无法击中这么快的目标。当然，我们的飞机在马赫数 3 速度下的命中率大于 90%。

不久后，苏联生产的"逆火"（Backfire）超声速轰炸机就给美国带来了威胁。

这种"逆火"轰炸机的飞行速度超过了美国的任何战斗机，包括 F-15、F-16 和其他战斗机。关于这点，民用"协和"（Concorde）客机也可以做到。不论"协和"还是"逆火"，都属于飞行速度为马赫数 2 级别的飞机，我们当时的燃料补给只能保证战斗机以超声速飞行 50～100 英里。YF-12A 飞机的飞行速度可以超过马赫数 3，航程也很远，但是当时主要用于美国航空航天局的研究。F-12B 飞机也能很快升空侦察或者击落"逆

---

① F-12B 飞机是 YF-12A 的生产型。——译者注

航空领域的另外两个杰作——SR-71"黑鸟"侦察机和 TR-1 飞机。凯利·约翰逊在它们的研发过程中起到关键作用,为美国的国家安全做出了传奇贡献

火",因为"逆火"以马赫数 2 的速度只能飞行一段时间,不能保持巡航。

但是当时的决定不是重新武装防空司令部,而是削弱了它的作用。

麦克纳马拉团队不仅没有与我们签订生产这种飞机的合同,还认为已研制出的 F-12B 飞机的相关设备是 B-70 超声速轰炸机和 F-15 战斗机的预算的威胁。我们保留了这些工艺设备 3 年,但是被命令拆毁,拆毁的费用是每磅 7.5 美分。如果今天重建这些工艺设备,然后再将其投入生产,费用将完全超过估算,会花几亿美元,每架飞机的成本将高达 7 000 万~8 000 万美元,而那时飞机的成本约为 1 900 万美元。直至今天[①],美国空军仍没有

---

① 指作者写书的时间,即 1989 年。——译者注

能与苏联抗衡的战斗 – 截击机。

然而，"黑鸟"的技术应用到了其他方面。美国空军想要一种先进的侦察机，可以携带较大型照相机和更精密的设备，性能超过类似滑翔机的 U-2 飞机。我们的客户是美国战略空军司令部，也是本书中提到过的对飞机研发和材料要求最高的部门。结果催生了 SR-71 飞机。

1962 年底，美国战略空军司令部与我们签订了购买 6 架 SR-71 飞机的初步合同。飞机原本定为 RS-71，但是两年后，即 1964 年，美国总统约翰逊宣布这种飞机的首飞消息时，颠倒了两个大写字母的顺序。后来美国战略空军司令部和"臭鼬工厂"在变更编号时产生了很多混乱。飞机编号原本表示"侦察攻击"（reconnaissance strike），变更后为"战略侦察"（strategic reconnaissance），不过我们仍旧使用"侦察攻击"这个称号。

SR-71 的驾驶舱前面是驾驶员位置，后面是侦察官的位置，便于侦察官操控照相机及特定导航设备。这种飞机比早期的"黑鸟"飞机重很多，可以携带更多燃料，装有更多精密的设备。SR-71 飞机的外形与早期模型很像，但是结构有大幅改进。我们设计第三代"黑鸟"飞机时，进气道的研发已经成熟，飞行测试计划进展很快。

在制造 SR-71 飞机的过程中，我们与威曼 – 高登（Wyman-Gordon）公司合作研发大型钛合金锻件，加工最终可以装在飞机上的成品。威曼 – 高登公司花费了 100 万美元来研发锻造方法，"臭鼬工厂"花费了 100 万美元来掌握如何将锻件切割成飞机零件。虽然代价高昂，但是之前飞机上需要 96 个锻件才能组装的部件，现在只需要一个锻件就可以了。仅这项工作就为军方及纳税人节省了 1 950 万美元。

我曾经提议美国研发一种大型金属成型水压机，现在这已经是势在必行了。我们需要一种25万吨金属成型水压机，它比我们现在的最大水压机大5倍。我们加工飞机上的大型零件时，常常要从锻坯上去掉90%的材料。这是一种浪费，尤其在生产SR-71飞机的钛合金机舱环、起落架和C-5运输机的铝机身侧环时。苏联在投资研发大型金属成型水压机方面从来没有犹豫过，他们拥有更多更大的水压机。

为了满足SR-71飞机环球飞行而研发的空中加油技术，现在已经变成常规技术了。截至20世纪80年代初期，我们已完成空中加油18 000多次，并且可以在任何地区进行空中加油。

事实上，我曾建议用空中加油技术来缓解超声速运输机的音爆问题。我们驾驶"黑鸟"飞机时，必须特别小心，因为机后部的冲击波到达地面时会产生音爆。由于音爆问题，我们不可避免地收到各种投诉，有人投诉音爆打扰了他们在黄石公园里的垂钓，有人控诉音爆使一群骡子受到了惊吓。我也投诉过，一个军方朋友在我家农场上空制造的音爆震碎了我们家价值450美元的平板玻璃窗。所以在音爆这件事上，没有人同情我。

从1965年起，SR-71飞机开始在战略空军司令部服役。据我所知，它是世界上服役的飞机中飞得最快、最高的飞机。"黑鸟"以超过马赫数3的速度飞行，这是任何国家的飞机都无法相比的。

1971年4月27日，一架美国空军的SR-71飞机飞到80 000英尺以上的巡航高度，并用10.5个小时完成了15 000英里的飞行，刷新了续航时间及航程纪录。美国空军也因此获得了表彰年度最卓越飞行的麦凯奖（Mackay Trophy），并在1972年获得表彰航空科技领域最杰出国际成就的哈蒙国际奖。

1974年9月1日，一架美国空军的SR-71飞机去参加英国范堡罗国际航展（Farnborough Air Show），从纽约飞往伦敦，创造了一项跨大西洋飞行纪录：航程3 470法定英里，用时1小时54分57秒。这是它首次在国际观众面前公开亮相。从伦敦返回洛杉矶时，它又创造了一项世界速度纪录：飞越5 463法定英里，用时3小时47分35秒。

1976年7月27日，战略空军司令部的飞行员驾驶SR-71飞机从加利福尼亚州的毕尔空军基地出发，共创造了6项新的速度和高度世界纪录，包括闭路航线速度每小时2 086英里，直线航行每小时2 189英里，绝对高度和水平飞行高度达到86 000英尺。

还有第四代"黑鸟"，直到最近我才可以谈及。和往常一样，只有新闻照片和文章报道曝光了它，它才被允许讨论。照片上还有亚利桑那州戴维斯-蒙山（Davis-Monthan）空军基地的一些封存的飞机。

它是"黑鸟"系列中表现最出色的一种飞机，飞得更高、更快、更远，是一种远程无人驾驶飞机，即D-21。随着我们的设备变得更智能、动力更强、仪器更精密，我怀疑是否仍需要人在飞机上驾驶。答案可能是人在陆地上控制飞机的飞行吧。

第十五章
疾病与健康

当科罗拉多河高架渠引水到林德罗牧场后,这里的税收就增加了10倍。财产税不是根据牧场用途计算的,而是根据它的最佳用途——建造住房计算的。很明显,在这样高额的税收下,我们无法继续经营这块牧场了,除了出售别无选择。1962年,我们出售了林德罗牧场。

我们卖掉牧场之后,开发商就在牧场上一次性建了746栋房屋,并在文图拉高速公路旁边挖了一个湖。这个湖被新社区居民称为林德罗湖。

我和奥尔西娅计划购买另一块我们熟悉的牧场。它位于圣巴巴拉县(Santa Barbara County),靠近阿莉萨尔牧场(Alisal Ranch)。我们经常到这个牧场打高尔夫球,在这块10 000英亩土地的小径上骑马。我驾驶一架小型飞机去巡视这片美丽未被开拓的土地,飞过高山和山谷。事实上,我学习驾驶飞机就是出于这个目的。

星巷(Star Lane)牧场非常符合我们的要求,所以我们在1963年把它买了下来。"星巷"是这个牧场本来的名字,我特意保留这个名字,因为它非常符合我们洛克希德公司命名飞机的传统。我们研制的飞机和航天器都是以星体来命名的,比如织女星、猎户座、天狼星、星座、流星、星战士，以及今天的北极星、三星（TriStar）和银河（Galaxy）。星巷牧场是一个经营中的牧场，占地约 2 000 英亩，位于圣巴巴拉北部 30 英里处，在圣塔阳兹山谷（Santa Ynez Valley）风景如画的索尔万（Solvang）丹麦移民社区的东北部。在这个牧场里，我们饲养了 300 头牲畜，种植了燕麦草。整个牧场坐落在一个长约 3.5 英里、宽 1 英里左右的山谷中，与其他牧场完全隔离。

牧场之前的主人是一位电影发行商。他建造了一栋房屋，里面装满了电影放映设备，还建了一栋主体住宅。牧场的主体建筑为西班牙风格，非常漂亮，比我们在恩西诺的家还要大很多。这里的游泳池比我们在恩西诺的游泳池长 10 英尺，宽 5 英尺。在这里生活，我们感到特别惬意。

星巷牧场以及这个地区的多数牧场，都属于加利福尼亚州威廉姆森法案（Williamson Act）的管辖范围。该法案保护真正的农业财产，免征不合理税项，这也是我们从林德罗牧场迁过来的原因。当然，这个法案也对牧场所有者施加了一定责任，限制对土地进行分割。分割后的土地不能用于非农业用途，否则税率将按照最高使用标准加以追补。

所以我们不必在新买的牧场上建造房屋，只需将生活用具从林德罗牧场搬过来即可。这仍然是一项需要自己动手的活。我们买了一辆平台长约 21 英尺的大型卡车，用于搬运我们的拖拉机和其他用品。经营一个牧场需要很多机械器具，而这些机械器具的正常运转又需要大量的维修工作，所以我们的首个任务就是建造一个工作间。设计工作间给我带来很多乐趣，自儿童时代起，拥有一个属于自己的工作间就是我最快乐的事情。我爱护机械器具，尊重它们的性能，并妥善保管。牧场里的维修工作都由我自己承担，这节省了大笔维修费用。

我现在的工作间很大，宽 40 英尺，长 120 英尺，人字形屋顶高 22 英尺。屋顶可以承重 6 000 磅，必要时，我可以用屋架做支撑吊起重的机械部件。门也可以承受每小时 140 英里的大风，整个建筑物可以承受水平方向 $\frac{1}{4}$ 单位的地震载荷应力。

工作间里配有车床、打磨机、电锯、焊接设备和发动机维修用的升降机，这些都是保证牧场机械运转的必需品。工作间里还停放着牧场作业车：6 台拖拉机、4 辆卡车、1 台干草捆草机以及其他设备。

我们为牧场管家和他的家人盖了一座新房子，并为牧场工人刷新了原来的牧场屋和另一栋小房子。

我们把林德罗牧场的风车搬过来了，先将其全部拆分然后重新组装，另外还新搭建了 3 架风车，并把它们全部喷上黄漆，像雏菊一般漂亮。我告诉首次参观牧场的人，这些风车是牛的专用风扇，有了它们，夏季时牛可以凉快些。牧场里有 7 口水井，水资源充足。只是我们的电力不能百分之百靠风来实现。我们采用汽油泵向牲畜供水，依靠公用事业公司给整个主体建筑供电供暖。

我和奥尔西娅希望星巷牧场具有一切。在牧场经营过程中，她再次成为我的优秀搭档。她和我一样喜欢户外生活。当然，对于我而言，牧场生活是一种逃避工作压力的养生方式。

然而，并不是所有的事情都是安全的。有一次，我驾驶拖拉机耙地。一段时间后，我中断了手中的活，开着吉普车载上牧场管家李·埃里克森（Lee Erickson）瞎逛。在路上，我们看见一头小牛躺在路中间，我们以为它受伤或生病了，于是下车去查看。

有一个常识你得知道：如果碰到一头刚出生的小牛，你想活命的话，千万不要在母牛还在附近的时候触碰小牛。李当时只是轻轻踢了一下小牛的尾巴，想看看它是否能动。好啦，它能动，而且动了，但是同时大声乱叫。我们都没有把小牛乱叫的事情当回事，我让李独自开车回家，自己返回拖拉机继续耙地。

我还没有走出100英尺远，就听到身后传来巨大的声音——咆哮声。我从没见过这么大的一头母牛！它正以至少140节[①]的速度向我冲过来！它肯定是小牛的妈妈。它本该冲向李的，但是李已安全地坐在吉普车里，而我成为母牛最近的攻击目标。

谢天谢地，当时那块地已经耙得比较彻底，我以最快的速度躺在松软的土地上，还没来得及翻身面朝下，母牛就已经从我身上冲了过去。它的乳房从我脸上擦过，牛蹄踩到了我，不过没有踩得很重。很幸运，母牛没有再折回来攻击我，而是带着小牛回山里去了。

当我发现自己还能坐起来时，开始担心是否骨折了，不过我仍然决定完成耙地。我想如果骨折了，自己肯定能马上感觉出来。我耙完地后，爬上山回到家。与奥尔西娅共进午餐时，她完全不敢相信自己的眼睛。

"你到底出了什么事情？"她问。当时我的衣服被扯破了，浑身淤青，被踩的胸腔处有几块大面积擦伤，但是看起来没有骨折。

我在几千小时的试飞中都安然无恙，如果被一头母牛踩死，那将是一个多么不体面的结局啊！因此我经常会说，天上要比路上安全很多。

---

① 1节约合每小时1.852千米。——译者注

在我们的工程师中，有一位是西班牙裔，他在斗牛方面颇有经验。当我在"臭鼬工厂"讲起这段经历时，他送给我一件斗牛士用的红斗篷，并且向我展示了如果再次遭到牛攻击该如何使用它。

买下星巷牧场后的两年时间里，我和奥尔西娅都过着田园诗般的生活。当然，也遇到过痛苦和困难，但总的来说，那是一段幸福的时光。

我在大学期间就经常犯胃溃疡，后来在 P-38 飞机出现压缩性问题时，胃病加重了。有一次在恩西诺家中吃晚饭时，我疼得直接从餐椅滚落到地板上。我的胃溃疡复发了，尽管之前从没有过类似经历，但是我知道这次是胃穿孔。

疼痛非常剧烈，奥尔西娅的第一反应就是给我双份足量的白兰地。这虽然不是传统的治疗方法，但是确实缓解了疼痛。那时候，我有一大堆事情要处理，所以第二天早上去工厂时，并没有向公司的医生请两三天假，尽管我知道溃疡处仍在出血。

"我遇到点麻烦。"我对医生洛厄尔·福特（Lowell Ford）说。

当他听说我又回公司上班后，他说："你确定吗？你还在继续上班，简直是个疯子。"但是那时候我已经好转了。尽管酒精不是治疗溃疡的处方药，甚至是患病期间禁止服用的，但是很显然酒精确实有缓解紧张的功效，有利于溃疡愈合。最后我竟说服了福特医生（他也患有胃溃疡），酒精治疗方法确实是有效的，但是要用中度酒精治疗。

在战争期间，我曾同时承担 6 种飞机的设计任务，每月飞往华盛顿 1~2 次。乘坐战前生产的 DC-3 运输机横跨美国的飞行必须中途停几次，不像现在乘坐大型喷气式飞机那样舒适。在工厂期间，我一般早上 6 时左右起床，先花 1 个小时在 F-80 飞机的设计上，然后解决 P-38 飞机出现的比较突出的问题。当时"哈德逊"飞机的各种改型——"织女星"的"文图拉"和后来的 PV-1 飞机也在研发中，而"星座"飞机也仍在生产中。我还负责以内特·普赖斯为首的涡轮喷气式发动机的研发工作。一大堆烦琐的事让我每天特别忙。

我的职业生涯也在不断向前。自 1938 年起，我一直担任总研究工程师，1952 年，我被任命为总工程师。

担任这个职务后，我负责的事情更多，我的胃溃疡也更加严重了。我觉得担任总研究工程师，负责飞机的设计和测试工作更有意思。担任总工程师后，我必须学会如何快速地将设计转化为生产。我发现自己要领导的部门有 5 500 人，其中约有 800 人是工程师。那是一个涉及制图、印刷、派发、控制和校订产品图纸的复杂系统。我更喜欢管理一个成员比较少、比较简单的部门。我不能再用"臭鼬工厂"的管理方法来管理这个 5 500 人的团队。

我仍努力同时做几件事情。在我们的努力下，"星座"运输机的后继改型、F-104 和 U-2 飞机都有了进展。在那段时间里，每当飞机出现故障，尤其是重大事故时，我的胃溃疡都会发作约 24 小时。有一次，F-80 和 B-25 飞机在夜间飞行测试时相撞，机毁人亡。这次惨祸导致我的胃溃疡加重了。另一次病情加重是由于"星座"飞机出现着陆问题。找到原因后，解决方法就比较简单，我大约花 15 分钟就重新设计好了。我自己找出了问题所在——接头的铝导线被烤焦，这说明隔热做得还不够好。发动机回火问题也是我们遇到的难题，最后通过增加燃油喷射量解决了。

一旦工作出现危机，我的胃溃疡就会发作，这令人非常烦恼，幸亏我有强壮的瑞典人体质能克服这种痛苦，胃溃疡一般在一周内就会好转。

但是这些最终让我的身体付出了代价。1955年3月25日，一份对公司领导的内部通报宣布：

> 鉴于医生的建议……约翰逊应该彻底休息一段时间……在过去几个月里，因职务原因，他承担大量非同寻常的工作负荷，致使他的健康已经出现问题……他休息后恢复工作时，活动也应该减少。在很长期的时间内，他的工作仅限于高层技术任务。

1956年，我担任公司的副总裁，主管研究和发展部门。这意味着增加了巡察全公司各部门的工作，如巡察佐治亚州的军用飞机制造公司以及加利福尼亚北部的导弹和航天分公司，以便协调相关研发工作，避免任务重复。我不喜欢这样的工作，因为我没有直接管理权。

只提出工作建议可不是我一贯的工作方式。我更喜欢直接的管理，就像我在"臭鼬工厂"工作时那样，该做什么，该怎样去做，我决定后就没有异议。因此在我的观念中，自己是一个协调能力非常差的工程师。1959年，我做出决定，宣布："我不想再这样干下去了，我不喜欢四处巡视，我不喜欢这种工作。我要全身心投入'臭鼬工厂'的工作中去。"

自1958年起，公司特意为我创立了一个新头衔——高级研发项目部的副总裁。这意味着，我要主管一个又一个"臭鼬工厂"。我的意见被接受了，那真是一段特别美好的时光，也是一段非常忙的时光。当时"牛车"项目刚刚起步，我必须倾尽所有精力，结果胃溃疡再次发作。

在一次年度健康体检中（距离我首次确诊胃溃疡穿孔大约已有 30 年），拍完 X 光片后，福特医生对我说："凯利，你胃部的穿孔直径已经有一支铅笔那么粗了。如果再不治疗，可能你在几周内就会丢掉性命。"

当时，我的胃内壁已经积累了很多瘢痕组织，以至于我已经感觉不到疼痛了。所以在 1970 年，我进行了切除一半胃的手术。幸运的是，十二指肠溃疡也在同一部位复发，所以手术后，我还有一个功能健全的胃，而且再没受过溃疡之苦。这次大手术对我来说也是一个不错的减肥方法。算起来，每减一磅大约花费 500 美元，大致与 C-5 货机的花费差不多。

一直以来，牧场（先是林德罗牧场，然后是星巷牧场）是我们最好的休养之地。1964 年，我们搬到星巷牧场一年后，我被选举为洛克希德公司的董事会主席。第二年，奥尔西娅开始感觉身体虚弱，不再像从前那么活泼了。全身检查后，她被确诊患了癌症。

这对我们俩来说是一个灾难性的打击。两次手术后，我们俩都知道她无法摆脱这个致命的疾病了。奥尔西娅曾绝望过，甚至吃下大量药物打算永远安息，不再成为我的负担。很庆幸，那天我比平时早回到牧场家里。我立刻把她送往医院，后来，她又活了好几年。

我常怀疑因为几年前的那次严重车祸，奥尔西娅的身体受到了影响。当时一个司机酒驾，从侧面撞击了我们的车，使奥尔西娅的头部受伤了。

那段时间真的非常难熬，简直是度日如年。我们的好朋友福特医生花了很多时间陪伴我们，白天工作一天后，还整晚待在我家里。他来我家不仅因为奥尔西娅的病,也为了监测我的心脏。因为在晚上,我经常会犯心绞痛。

奥尔西娅生前有一个愿望:以我的名字在加州理工学院设立一项基金。她这个愿望实现了,这项基金将在我离世后开始捐助。奥尔西娅后来又经受了3次手术,但是手术没能挽回她的生命,她于1969年12月离世。

她希望去世后不要被埋入墓地,她想火葬,然后把她的骨灰撒在星巷牧场上,因为她深爱着这个牧场。但我发现这样做不符合法律规定,于是我驾驶一架小型飞机,带着福特医生和托尼·列维尔,飞过我和她在那幸福的时光里一起骑马走过的山山岭岭,飞越圣巴巴拉海湾,一直飞到法律允许的外海,完成了她的遗愿。

第十六章
这不是秘密

关于"臭鼬工厂"的工作内容,这是秘密,但是"臭鼬工厂"的工作方法现在已经不是秘密了。

这些年,我一直试图劝说其他人使用我们的工作准则及方法,其中的基本理念和具体细则我说过很多次,但是很少有人采用。除了"臭鼬工厂"之外,有两个项目使用了这种方法,一个是洛克希德导弹与航天分公司研发的"阿金纳-D"运载火箭项目,另一个是陆军防空部的防空炮项目。

但是我很担心,我喜欢的设计和制造飞机的方法有一天不可行了。甚至将来某一天,"臭鼬工厂"也不能再按照已证实的有效方法运行了。我知道权威是这种工作方法中最本质的因素,只是权威的作用正逐渐被许多内部和外部的委员会和会议削弱。

"臭鼬工厂"成功运营的基础是具有快速决定然后马上付诸实施的能力。另一个要素是和精兵强将一起工作,也就是和一小批非常有能力且有责任心的人一同工作。还有一点,就是将报告和其他书面文件的数量减到最少,并在项目中凝聚整体力量,将整个工作分阶段执行,保持高昂的士气。与一小部分优秀的人一起工作,你不仅可以快速推进工作,并且可以密切把握项目的每

"臭鼬工厂"徽标

一方面。

我从霍尔·希巴德那里学会了不强迫别人工作,这也是"臭鼬工厂"的运营方法。只有员工心甘情愿,他才会挑战自己,努力把工作做到最好。除非遇到少数例外情况,我们不鼓励长时间工作。

"如果是用脑力都无法完成的活,只靠体力加班也是完成不了的。"这是我的一条格言。

我们的目的是应用常识更经济、更快、更好地解决难题,取得结果。如果它原本就很好,就没有必要修整。

"简单点,傻瓜!""KISS"原则[①]时常提醒我们。

"快速、保密、按时"是我们的另一个座右铭。

---

① "KISS"是"Keep It Simple, Stupid"的简写,"KISS"原则是指在设计当中应当注意简约原则。——译者注

"认真听，而不是说，靠说你什么也学不会。衡量智者的标准就是他改变自己看法的能力。"这种理念不仅可以节约时间、金钱，还可以节约人力。

自从 1943 年"臭鼬工厂"成立，洛克希德公司的"臭鼬工厂"共搬过 4 个地方。第一个车间很简陋，是用发动机包装箱和帐篷搭建的，完成的第一个项目是 XP-80 喷气式战斗机。当时"臭鼬工厂"只有 120 人，仅用 143 天就完成了项目。研制 XP-80 飞机时，"臭鼬工厂"只有 23 名工程师；研制"喷气星"轻型喷气式运输机时，只有 37 名工程师；许多年后的 U-2 项目共雇用 50 名既负责试验又负责生产的工程师；难度更大的 SR-71 飞机项目也只用了 135 名工程师。

现在"臭鼬工厂"的第五个办公地点是于 1963 年 1 月由奥尔西娅揭幕开张的。那时我们的"臭鼬工厂"已经完成了 17 个主要项目，还参与了其他两个项目的研发。

"臭鼬工厂"的另一个秘密，就是人际关系融洽，这其实也不是秘密。"臭鼬工厂"从来没有陷入任何严重的劳动纠纷，一直与工会保持着良好的关系。工会主席会听取和回复我们提出的问题，他的那些干事也会这样。在内华达州的试验基地里，我常遇到工会的干事，倾听他们讲自己遇到的问题。问题很多，而且都很实际，我也经常试着为他们做一些事。

有一次，洛克希德公司发生了一起罢工事件。当时担任国际机械工人联合会 727 分会主席的汤姆·麦克特（Tom McNett）先生对我说："凯利，当然这不是针对'臭鼬工厂'的罢工。"

总体说来，洛克希德公司只发生过那一次罢工。自成立以来，我们一直保持良好的劳资关系。事实上，早在 20 世纪 40 年代初，洛克希德公司就被政府出版的《企业和平的原因》

(*Causes of Industrial Peace*)列为模范企业。

当工会必须象征性地在"臭鼬工厂"进行抗议时，纠察队会站在我们正门的一侧，保证公司正常工作。

就我个人而言，这些年我也收到了二三十份工会申诉文件，抱怨我做了很多本该属于机械师的工作。比如，有一份申诉责怪我在自家的车间里焊接了"喷气星"飞机的舱门接头，但是这些申诉没有任何恶意。实际上，我经常认为员工非常喜欢他们的领导时刻关注他们，并和他们一起工作。

我常向员工发起的一个挑战是，无论任何事情，只要员工做得比我优秀，就会获得25美分的奖励。我手上备有大量的25美分。当然这不是简单的25美分，而是超越领导的象征，这是一种激励手段，我也已经损失几个25美分了。

我们公司的惯例是：飞机制造人员要在制造过程中密切接触飞机，以确保了解飞机的整个研发过程。他们会对自己制造的所有零部件负责。如果某个零部件需要修理，很快会有人把它处理好。

如果项目设计有变化，我们会停下来向所有相关人员解释。从我到设计人员、采购人员（必须了解所需材料的紧迫性）、安装人员和生产制造零部件的人员，都保持紧密联系。从我在设计图纸上画出第一条线，到飞机制造完成及首飞结束，这种紧密关系贯穿整个过程。

长久以来，我一直坚持这个传统——让所有与某个飞机项目密切相关的人员见证飞机的首飞。从"臭鼬工厂"生产第一架XP-80飞机时起，这个传统就一直延续。飞机首飞时，我们用客车将员工带到位于沙漠地区的测试基地观看首飞，然后举办庆祝派对。印第安人的掰手腕比赛成了我们庆祝派对的传统节目。

只要有可能，我们就邀请员工的家人一起来参加活动，这也很重要。在现在的"臭鼬工厂"揭幕开张时，我们在新工厂举行了一个晚宴，款待所有员工和他们的家人，介绍我们从事的工作。第二天，我们又会严格遵守"未经许可，不得入内"的保密规定。

保密规定是不带任何个人感情色彩的，必须严格遵守执行。比如说，如果一位优秀工程师的结婚对象的亲属持有某种美国政府不能接受的政治观点，即使那位工程师品行良好且值得尊敬，也不能从事秘密性工作。这很痛苦，曾由于这种政治原因，我不得不和一位好朋友说再见。

大多数公司都追求利润，但不会花钱改变他们的工作方法和流程，学习像"臭鼬工厂"这样的工作方法。他们不会将权力委托给某个人——像洛克希德公司最开始委托我创立"臭鼬工厂"那样。这需要管理上的自信和相当的勇气。

如果"臭鼬工厂"没有获得军方客户和洛克希德公司的授权，我们就无法完成现在已经完成的许多事情，因为我认为那些事存在一定风险，而且确实挺冒险的。

"臭鼬工厂"的理念是学会如何快速、低成本地做事，并且根据风险程度来调整整个系统。因为不可能找到一种好方法通用于研制所有飞机。

我一直认为飞机的设计者和制造者都应该参与飞机的测试工作，因为这有助于提高他们设计后继飞机的能力。我经常把飞行测试当作一种检验方法——检验自己设计和制造这只"大鸟"的能力。这些年来，与飞行员一起测试和研发让我学到很多东西。飞行员是一类特殊群体，我非常崇拜和敬佩他们。如果有一天，我们没有权利和责任测试自己设计的飞机，那么从那天起，我们的设计能力就会逐渐减弱，将失去研发新型飞机的能力。

现在已经有一种我特别讨厌看到的趋势：由委员会来设计飞机，由他们来审核、建议、磋商、咨询。可是他们并不是直接做这份工作的人，虽然不会产生愚蠢的结果，但是也不见得会有绝妙的结果。只有绝妙的理念才能引领飞机设计的极大进步。

美国最出色的几个项目——原子弹、响尾蛇导弹、核潜艇，都是通过与系统之外的企业合作来完成的。

为了保证美国空军计划得到最好的执行，"臭鼬工厂"遇到的任何问题都会快速得到军方的决定和意见。我可以打电话到代顿的莱特空军基地，与负责管理军方小型项目办公室的对接人交谈，或者与那个被指派等待我们结论的人通话。我通常在当天上午就能得到决定。现在，按照标准操作流程是不可能这样做了。很多人很难第一次听到我们的工作方法就决定采用这种方法，因为这意味着要放弃整个系统的各个职能部门。

洛克希德公司除了给我们权力，还为我们提供研究的设施。先进工程设计的基础是要拥有重要的研究能力，洛克希德公司的管理层早就意识到了这点。公司不仅建造了行业内第一个私有风洞（当时我们正在研究 P-38 飞机），在拉伊峡谷研究中心（Rye Canyon Research Center）还建有整套先进的研究和测试设施。1983 年，这个中心被重新命名为"凯利·约翰逊研究与发展中心"。

1954 年，作为总工程师，我说服格罗斯、查普利特和希巴德拨款 10 万美元来建立这样一个中心。当时列出的需求只包括超声速测试风洞，今天这里不仅有高超声速、超高速、发动机风洞，还有电磁、低温、声学、热力系统实验室以及空间模拟室。利用各种样机在地面上"飞行"模拟服役期限，这已经成为一门科学。早在飞机组装完成进行飞行测试前，我们就已经精确地知道飞机会如何飞行、可以完成哪些机动动作、系统缺陷以及可能损坏的部件。没有这些先进的研究设施，"臭鼬工厂"不可能制造及试飞大量的先进飞机。

在决定把新研究中心建在拉伊峡谷的几百英亩土地上之前，我们也考察过其他几个可能的地方。拉伊峡谷位于圣加布里埃尔山脉（San Gabriel Mountains）的几个小山丘之间，比较偏远、险峻，但是很美丽。

最后选中拉伊峡谷是因为它到伯班克和帕姆代尔的工厂都很方便，并且与两个工厂的距离几乎相等。同时周围的小山丘不仅可以起到隐蔽作用，也能屏蔽风洞和其他测试设施发出的噪声。研究中心的占地面积由1958年最开始购买的200英亩扩大到现在的500英亩。这个研究中心完全由洛克希德公司出资建造，各实验室按合同供洛克希德公司各部门使用，空闲时也可以被其他公司或政府部门使用。

我在"臭鼬工厂"工作时，工作日一般是从早晨7时开始的。若遇到紧急状况，我会6时到达公司，主要为了解决与华盛顿军方办公室3个小时的时差问题。通常我会先就关键问题与工程师们开个会，我的3位主要助手都会参加。我们在"臭鼬工厂"都没有什么头衔，他们分别是迪克·伯麦（Dick Boehme）、鲁斯·丹尼尔（Rus Daniell）和本·里奇（Ben Rich）。继我之后，里奇担任现在高级研发项目部的领导，他是少数赢得我的25美分的人之一。当时的打赌是：在什么温度下"牛车"机身喷漆的颜色会改变。我猜是比飞机飞行中的蒙皮温度低25华氏度；本·里奇是一位热力学家，认为是低50华氏度。他是正确的，是低52华氏度。

早会很简短，也是非正式的。我喜欢在一沓黄色的空白纸上粗略列出当天或本周要完成的工作和计划。那种多数工程师使用的带有横线的纸，我使用起来觉得受到约束。9年前，我发现忠诚的秘书弗娜·帕尔姆（Verna Palm）女士特意为我准备了一沓没有线的黄纸。我认为自己节俭使用了便宜的草稿纸。弗娜·帕尔姆女士是我成为总研究工程师后的第一任秘书。希巴德非常慷慨，把我俩共用的秘书指派给我，因为他知道我与弗娜·帕尔姆女士之间的默契会有助于我在新职位开展工作。她和我一起工作了18年，直到退休。

如果"臭鼬工厂"的工作准则应用到实际中，肯定会奏效的，一个成功应用"臭鼬工厂"工作准则的例子就是"阿金纳-D"运载火箭的研发。兰德公司（Rand Corporation）已经把该项目的详情记录在一份报告中，便于感兴趣的人查阅。

卫星后来成为美国太空的主力系统，在设计和成本方面都遇到了困难，尤其是可靠性低到令人难以置信，只有13.6%。我被派到洛克希德导弹和航天分公司来处理这个难题。我们组建了"臭鼬工厂"，由公司的设计工程师弗雷德·奥格林（Fred O'Green）领导，美国空军的库什曼（Cushman）上校担任客户代表。

后来，奥格林的优秀表现引起美国利顿工业公司（Litton Industries）的注意，然后他被挖走成为那家公司的总裁，之后又升为董事会主席；而库什曼被提升为将军，负责管理位于佛罗里达州艾格林基地（Eglin Field）的美国空军武装部。

我们的格言再次得到验证：如果遇到有才能的人，尽量让他施展，他肯定会表现优异。在当今社会，这条格言同样适用于女性。

当我首次查看"阿金纳"项目时，发现仅质量控制这块就雇用了1 206人，但是只获得13%的可靠率。其实只用质检部的人就可以制造出世界上最可靠的运载火箭，所以这1 206人对于设计和制造这种卫星来说是足够的。

贝尔德原子能公司（Baird Atomic Company）负责制作运载火箭的地平仪。洛克希德公司派去检测、协作和写报告的人数就多达40人，然而贝尔德公司制造这种仪器的人数仅为35人。我们将产品的责任问题还给供应商，就解决了检测的难题。我亲自打电话给沃尔特·贝尔德（Walter Baird），我们在其他很多"臭鼬工厂"的项目中合作过。他立刻同意承担他应该承担的责任。

我们还和其他供应商达成类似的谅解，这是授权的基本原则。供应商及其他所有与项目相关的合作方都应该延伸这一原则，把整个项目的责权下放。这样既可以避免烦琐的程序，降低成本，也可以让所有参与方都专注于产品，而不是某个管理系统。事情就是这么简单。

另外，我们还采取了其他措施，至少为政府节省了5 000万美元的成本。应用"臭鼬工厂"的工作方法后，原本计划在18个月内完成的事情在9个月内就完成了；计划要用3 900张图纸只需用大约350张；质量控制部门的人数也从1 200多人削减为69人；安装成本由计划的200万美元减至15万美元；程序设定后，设计图纸在1天内就可以发出，不再需要1个月。这些措施颇有成效。在最初的12次发射中，可靠率达到96.2%。

但不是每次使用"臭鼬工厂"的管理方法都能获得成功。有的项目采用"臭鼬工厂"的管理方法就没有成功，比如美国陆军的"夏延"号（Cheyenne）刚接式旋翼直升机项目。

美国陆军对"臭鼬工厂"的工作方法非常感兴趣，因为它比常规方法更具优势：交付更快、灵活性更大、成本更低。

杰克·里尔是一位非常有能力的工程师和管理者，也是洛克希德公司这个项目的负责人。在准备阶段，我带上他及他的 6 位高级主管进入"臭鼬工厂"，打算利用 6 个月时间研究应该如何操作。

在凡奈斯机场（Van Nuys Airport），他们有专门空置的飞机库、光线极佳的绘图室以及其他需要的一切。我要求里尔设计直升机时只用 6 种简单的工具，至于哪 6 种，他可以选择。这并不是一个随意的决定，而是一个挑战。我认为多数优秀的工程师都想让事情简单化，但是面对庞大的工程时就是喜欢创造，把事情弄成不必要的复杂和麻烦。

"刚接式旋翼"这一概念最先由洛克希德公司的欧文·卡尔弗以及弗兰克·约翰逊（Frank Johnson）提出。与传统直升机上的推进系统相比，它更简单、更安全，并且已经在小型飞行器上得到成功验证。"夏延"号 AH-56A 是首架安装这种推进系统的大型军用直升机。美国陆军要求"夏延"号具有高性能、高机动性、闪避能力，可以进行极限低空飞行。

里尔和他的团队一开始以极高的热情运用我们的工作方法，尽力满足美国陆军的设计要求。但是在短短 6 个月内，他们成立的采购部门竟然比我们负责 7 个项目的工程部门都大。他们又淹没在烦琐的日常文书工作中。

尽管采用"臭鼬工厂"工作方法的意图是好的，但是美国陆军当时有 10 个不同的测试中心和基地共同参与新武器系统的采购工作。我们的设计和研发部门因此有很多位军方代表，但他们之中又没有一个人能真正代表军方说话，所以"臭鼬工厂"的理念无法奏效了。

客户必须设立一个小且高度集中的项目办公室，与"臭鼬工厂"的经理和他的团队相对接，这是必要条件。在大型管理体制内工作多年的人很难接受这种概念。必须毫无保留地授权，否则这种方法很难奏效。

"夏延"号项目因旋翼问题而被取消，我认为这是个不明智的决定。一个旋翼的部件脱落导致我们损失了一台测试仪器。我们发现是急转导致脱落，然后找到了解决问题的方法，但是美国陆军却决定取消这个项目，无头绪地重新开始。

后来陆军研发了另一种性能比"夏延"号低很多的新型直升机，但所花的费用都可以制造450架"夏延"号了。"夏延"号的合同被取消时，共涉及145名军方代表。相比之下，在"臭鼬工厂"研发的U-2和SR-71项目中，中央情报局和空军的代表总共不超过6名。

我相信军方意欲通过更快、更经济的方法来改进武器系统的研发，但是开展一个大型的新项目需要有胆识的决策，因为要预测未来5至10年的技术问题并给出解决方案是相当困难的事情。

陆军后来决定再次采用"臭鼬工厂"的工作方法，并获得了成功。这次的项目是为美国防空部门研制防空炮和防空雷达。在项目的最初阶段，他们邀请我介绍和总结"臭鼬工厂"的工作方法，并向6家争做这个项目的供应商展示这种方法。这6家公司的代表在"臭鼬工厂"学习了几天后，美国陆军通知他们按照我们的"14条"来准备这个项目的投标书。这个项目的潜在价值为几十亿美元。

"臭鼬工厂"的基本工作原则如下：

1. "臭鼬工厂"的经理必须拥有控制该项目各个方面的实权，直接向部门总裁或更高领导汇报。

2. 军方及公司都必须组建小而精的项目办公室。

3. 参与项目的人数必须严格限制，只使用少数优秀的人（人数是"正常"系统的10%~25%）。

4. 制图和发图的流程必须非常简单，并且在出现改动时要具有极强的灵活性。

5. 书面报告数量要控制到最低，但是重要的工作必须有完整的记录。

6. 必须每月审核成本，不仅包括已经花掉和预付的费用，还包括项目的预计成本。不允许超过90天才记账，不允许突然出现费用超支，以免引起客户恐慌。

7. 承包商必须得到授权，承担比正常情况下更多的责任，找到好的项目分包商。民用招标流程通常优于军方招标流程。

8. 高级研发项目部现在使用的检测系统是经美国空军及海军研究批准的，符合现有的军方要求，可应用在其他项目中。把更多的检测责任转交给承包商及供应商，切忌重复检测。

9. 承包商必须有权在飞行中测试他们的成品。他们可以也必须在最初阶段测试成品。如果没有检测，那么该承包商将失去设计其他航空飞行器的资格。

10. 双方必须在签订合同前就硬件的指标达成统一。高级研发项目部有一段清晰的规范说明哪些款项不符合军方的要求及其原因，这是非常推荐的一种方法。

11. 项目资金必须及时到位，避免承包商为了支持政府项目反复跑银行。

12. 军方项目组和承包商之间必须建立相互信任的关系，保持日常的紧密合作与沟通，将误解和书信往来降到最低。

13. 接触项目的外方人员以及参与项目的内部人员必须严格遵守相关保密规定。

14. 由于参与工程及其他大多数部门的人员比较少，对于表现优异的员工必须给予奖励，不应按照其管辖的人数来评定其绩效。

我以前给"臭鼬工厂"下的定义，现在仍适用。定义如下：

> "臭鼬工厂"凝聚少数优秀人才，用最简单、最直接的方法研发和生产新项目，所需费用和时间远少于飞机行业中的其他组织。它只是用常识来解决棘手的问题而已。

当初我对"臭鼬工厂"员工的许诺仍然可以兑现：

> 我向你们提供一份充满挑战但很有价值的工作。你们不但可以获得稳定的就业机会、公平的薪资待遇，还能获得上升空间，同时又可以为国家的国防一线做出贡献。我为你们提供优良的管理和可靠的项目，为你们提供先进的设备和良好的工作环境……

我希望我们的员工会说："'臭鼬工厂'值得信赖，我很高兴成为其中一员。""臭鼬工厂"的基本原则是诚实。我永远不会制造自己都不相信的飞机。比如，我前面提到过的液态氢飞机、20世纪50年代的一种核动力飞机和试验性垂直起飞的XFV-1飞机。关于后者，我们曾向美国海军提出：XFV-1的发动机功率不足，飞机飞行的危险性比较高。最终美国海军同意

垂直起飞的 XFV-1 飞机。这是一个失败的设计方案。知道该设计不切实际后，凯利·约翰逊坚决中止了这种飞机的研发，尽管初期投入了大量财力和人力，这正体现了凯利的求实作风

放弃研发这种飞机。

洛克希德公司曾 3 次委任我为公司总裁，但是我也拒绝了 3 次。对我而言，在公司里最好的职务就是高级研发项目部——"臭鼬工厂"的领导，没有比这更适合我的职务了。我一直在做从 12 岁起自己想做的事。

第十七章
永别了，我心爱的人

奥尔西娅去世之前叮嘱我要再婚，她不希望我形单影只地生活下去。她去世后，我度过了一段孤独的时光。很庆幸，那个时期许多工作需要我，但是我知道自己不能再这样生活下去。我特别热爱我从事的工作，而且总有许多工作要做，可能比多数人都要多，但我也相信，生活要与他人分享才有意义，而且工作和纯粹的消遣应该平衡。

我当时的秘书是一位美丽娇小的红发女士，她已经为我工作了 10 年，在最后两年实际上已成为我的行政助理。她不仅美丽，而且受过良好教育，很有才干，曾学习过芭蕾舞。对我而言，她变得越来越重要了。于是在 1971 年 5 月，我和玛丽莲·埃尔伯塔·米德（Maryellen Elberta Meade）在我牧场附近的索尔万的一个小教堂里举办了婚礼，然后去夏威夷度蜜月。

我再一次感受到了生活和工作带给我的幸福感。我知道玛丽莲也一样感到非常幸福。她是我的"甜心"，但是好景不长，这样的生活只持续了一年半左右。

简单说来，我们一起度过了非常幸福的时光，玛丽莲和我一样热爱星巷牧场。只要有时间，我们就一起在牧场里骑马，她还在托卢卡湖（Toluca Lake）湖畔高尔夫俱乐部学习打高尔夫。我也是那里多年的会员。她是一名新手，经常与另一位有点残障的球手南希·鲍尔斯·霍里根（Nancy Powers Horrigan）一起打球。

几年前，玛丽莲曾被诊断患有糖尿病，尽管病情得到了控制，但在这时却恶化了。首先糖尿病严重影响了她的视力。我们尝试了很多办法，为了减少视网膜上的血点，她也接受了几百次激光治疗，但是疗效微乎其微。

斯坦福大学研发的一种手术给她带来了希望。她配合做了两次，但直到第二次手术前才知道需要摘除整个眼球。玛丽莲决定只要有一丝希望也要保留视力。这次手术给她带来了巨大的痛苦，不幸的是手术没有成功。后来，她慢慢丧失了视力，她一度用电视屏幕般大小的放大镜来看书。最终，她的双眼都失明了。

玛丽莲后来又经历了肾衰竭，做了一年多的透析后，开始寻求肾移植的可能性。试验显示她妹妹艾琳（Irene）的肾与她的肾可以互换，于是她做了移植手术。肾移植后，需要进行数年的反复治疗，防止出现危险的排异反应。幸运的是，最终移植的肾反应不错，没有出现衰竭现象。在这一期间，玛丽莲还在明尼苏达州罗切斯特市（Rochester）的梅奥诊所接受了另一个手术。她的妹妹为她捐献了部分胰腺，但是不到两周就出现了排异反应。

1975 年，我进入半退休状态，因为经常要带玛丽莲去医院看医生。有一段时期，我们每周都要去看 3~7 位医生。

在梅奥诊所期间，她右脚的大脚趾出现了感染现象，这对于糖尿病患者来说非常危险，因为十有八九是坏疽。她回到加利福尼亚后没有几个月就不得不切除了那个脚趾。后来，她右腿膝盖以下的部分也被切除了。她安装了假肢，学会适应它，在手杖的帮助下，她可以四处走动。在一年之内，她共进行了 5 次大手术。

随着视力的完全丧失,玛丽莲的身体也失去了平衡能力,她的活动只能依靠轮椅了。

在这漫长而痛苦的过程中,玛丽莲总是顽强地面对,始终不气馁。她非常了解我在奥尔西娅生病期间的感受,不希望我再经历一遍。在我因工作而无法带玛丽莲去看医生时,她的搭档南希给予了巨大的帮助。不过在我的"甜心"每次做大手术时,我始终在她的身边。

她身体的其他部位也出现了衰竭。她患了心绞痛,气力衰减,体重也由117磅降到89磅。

有很多次,她因注射了不适量的胰岛素而昏迷,我不得不急速把她送进医院。她的状态非常不稳定,很难确定该使用多少胰岛素。我一天要给她注射几次胰岛素。后来,我买了一台电子仪器来测量她注射胰岛素时的血糖值。山谷长老会医院的霍华德·罗森菲尔德(Howard Rosenfeld)医生在这期间一直忠实地陪着我们。

在我们10年婚姻生活的大部分时间里,我们都在与她不断恶化的身体进行绝望的斗争。我自己也没能逃过疾病的折磨。1970年,由于溃疡的反复发作,我接受了手术,切除了半个胃。后来,我又经历了一次非常难受、虽然不复杂但是必须做的手术——取出意外进入我结肠末端的一根竹签。另外,我还做了三旁路心脏搭桥手术。很庆幸,我接受的手术都很成功,身体依然健康。

玛丽莲的最后一年几乎都是在病床上度过的。本·里奇的妻子法耶·里奇(Faye Rich)和南希经常来看望她,直至她生命的最后一刻。

由于我自己经常与医院、医生和医学领域打交道,我决定为他人提供一些方便，如果他们的爱人在重症病房里，或刚做完大手术，或者患了不治之症，或因其他任何原因需要在医院进行持续治疗及康复。我在伯班克的圣约瑟夫医疗中心捐建了一栋有20个单间的招待所，里面配有洗浴设施、电话和其他便利设施，距离医院很近，患者的亲友可以安心地在里面睡觉或稍做休息。这个招待所将于20世纪80年代中期投入运营。

玛丽莲知道自己即将离世，对我讲了奥尔西娅同样说过的话，希望我不要孤独地度过余生。1980年10月13日，我的"甜心"在恩西诺病逝，永远离开了我。

我们将玛丽莲安葬在一座草木茂盛的山上，在那里可以俯瞰整个圣费尔南多山谷。葬礼那天，很多朋友及"臭鼬工厂"的同事都来表达他们的哀思之情。随着悼念的人一个接一个地离开，我发现自己孤独地站在墓地旁。南希注意到了这一点，走过来陪着我，我们一起走下山。在玛丽莲生病的七八年里，她一直是我坚强的支柱。她很美丽，金发碧眼，而且很聪明，是个值得尊敬的人。我发现自己需要她一直陪伴在身边，所以在玛丽莲去世后不到一个月，我就请求她嫁给我。南希担心这样太着急了，可是我回答说，如果有人这样认为，我表示非常抱歉，但是我并不在乎别人怎么想。人生太短暂，我在过去的几年中和玛丽莲经历的病痛就算是我为她哀悼了。

"就让过去的成为过去吧，"我劝她说，"我已经没有时间再讲究那些形式，让我们一起开始新的生活吧。"南希同意了，于是我们在那年的11月结了婚。

第十八章
捍卫美国

在制定美国国防战略计划时,我们面对的危险是准备再打一场像第二次世界大战那样的战争。战胜方将从未来战争中吸取教训。其实,如果真的发生第三次世界大战,那将会是完全不一样的战争。

美国目前的国防计划是否真的有效?是否具有前瞻性?是否承担了不必要的风险?花费与效果是否成正比?成本是否高得离谱?防御计划是否"代价高昂得令人望而却步"?我们是否希望美国这个富有的国家因被摧毁而载入史册?

或者说,所有国家是否都意识到,世界上任何国家都承担不起对新技术的防御。这种意识是否已经影响了外交策略,战争真的变得不可想象吗?

人类的历史并没有给我们提供令人鼓舞的先例,之前的文明也被某种杀伤力极大的"终极"武器摧毁。

长弓以及后来的弩是当时的重要发明。它们与现在及将来的原子弹、激光武器和粒子武器一样重要。当一个人骑在马背上作战时,如果只是通过膝盖用力和抓紧马鬃来控制身体的平衡,任何农民都可以把他拉下马,刺伤他或者用石斧击昏他。但是当骑手研发了一套操控系统——配上缰绳、马鞍、马镫后,战争对于那些步兵来说就变得很危险了。

自英格兰长弓发明以后，人们可以在 1 300 英尺之外射杀穿着铠甲的法国骑士。这极大地破坏了当时的惯例，以至于教皇宣布："使用长弓的人将受到诅咒。"一个低贱的农民竟然打败了一个高贵的骑士，这在当时是不堪想象的。长弓还可以快速发射。欧洲大陆第一次使用长弓是在 1346 年的克雷西会战。那次战争中，英国大败法国，因为英国射手可以射出一批又一批箭，而每次射箭只需要几秒钟。

土耳其的弩通过机械控制发射，尽管射出时间比较慢，但是速度越慢，力量越大，箭射得更远。

直到 1803 年（尽管步枪的使用可以追溯至 15 世纪），宾夕法尼亚州的一个德国移民发明了肯塔基（Kentucky）长步枪，英格兰长弓才退出历史舞台。因为肯塔基长步枪更具冲击力，瞄得更准。但是当时长步枪在战场上之所以十分重要，是因为它开火后制造的声响和烟雾可以惊吓敌方的马匹。

第一次世界大战中使用的芥子毒气是一种可怕的化学武器，以至于所有国家都同意将其列为法律禁止使用的武器。第二次世界大战爆发后，各国仍旧遵守这条约定，但是当时是因为这种毒气的扩散很难控制，所以对使用者来说，毒气的军事效力还不够，还会不可避免地受到国际谴责。但在朝鲜战场上，据报道，不止一方使用了神经性毒气。[①] 对于终结致命的人类战争，我担心人类历史遗留的道德观已经没有太多指望了。

今天的技术战争将决定未来世界大战的结果。使用新型武器才能获胜，比如激光武器和带电粒子武器可用于防御，"隐身"

[①] 实际上只有美方使用了毒气。——译者注

技术可以使攻击机不被发现，空间卫星可以用于发射导弹和导航。计算机技术作为控制技术，可以保证武器发射的准确性，是赢得战争的最重要因素。

美国不会出售自己的技术，比如最先进的电子产品——硅片、砷化镓晶片。这些部件使计算机能够储存数百万二进制信息，构成了导弹、飞机、潜水艇和卫星的制导系统。

在某一时期，美国的计算机技术一直处于世界领先地位，是我们防御洲际导弹的基础。如果电力充足，射线束武器可以直接摧毁来自太空基地或地面基地的袭击目标。射线束武器不仅能及时探测到这些目标（每个导弹可能有12个弹头），并且在目标还处于100多英里之外的地球大气层时就将其几乎百分之百摧毁。绝不允许来袭目标在地球表面附近爆炸，因为它们被摧毁的同时会释放放射性粉尘。即使是低空爆炸，也会毁坏我们的导弹基地和城市。它们对地球造成的直接冲击，以及污染灰尘和碎片的扩散，将毁灭地球。

美国的导航卫星非常重要，可以保证潜艇发射的导弹与地上固定位置发射的导弹一样精准。如果美国不能保护这些卫星，就不能确保导弹发射的准确性。

在科技这场战斗中，不仅我们做什么很重要，我们没有做什么同样很重要。我们的防御系统可能会因为我们没有做什么而受到威胁。譬如，没能研发出关键材料，没能利用好我们现有的资源，没能用创新的思维去思考，基础研发工作不充分，没能充分重视技术人员、工程师以及物理学家的培训，没能制止技术转让。

在第二次世界大战期间，美国与苏联达成联盟后，技术交流非常开放。苏联的某些装备和美国的一样精良，甚至优于美国。我们的坦克在冬天不能和苏联坦克相比，苏联的飞机在冬季低温下也可以保持良好的飞行状态，而美国的飞机连启动都很困难。冬天对苏联来说是老朋友了。另一方面，美国的坦克在非洲沙漠中行驶良好，而苏联的坦克在沙漠里会一直在原地打转。

当然也存在一些并非有意的技术交流。我们发现，如果美国飞机在苏联领土上迫降，就很难再要回来了。尽管美国非常努力地避免这样的事情发生，苏联还是复制了两架在他们领土迫降和停留的B-29飞机。

面对苏联对情报和技术的窃取，美国的强化保密工作进行得非常缓慢，尤其对于那些看似简单但非常具有战略意义的基础技术。

比如，混凝土硬度测试仪最初看起来并不是具有重要战略意义的技术。它在美国用于测量桥梁或道路的强度，也可以测试导弹装置的强度——测试什么样的武器能够损坏导弹装置。在美国不再向苏联出售之前，已经有几台混凝土硬度测试仪卖给苏联了。

多年以来，美国潜艇发出的噪声一直低于苏联潜艇，这要归功于美国先进的刨齿设备。后来，刨齿设备也出售给苏联了。另外，滚珠轴承磨削设备也卖给了苏联，将苏联导弹发射的准确率提高了8～10倍。

几年前，美国空军曾用一架C-5货机将重40 000磅的转换设备运送到苏联，并因此受到奖励。那么这个设备的用途是什么？它可以在几纳秒内完成大量功率转换，是磁流体力学中必需的设备，可以将电能或核能转换为高能射线。苏联需要用美国的这个设备来产生短脉冲，我们确信它是苏联新型武器系统的基础。

苏联在激光和带电粒子领域方面的研究付出比美国多4～5倍，这已经不是什么秘密了。这种被称为"死光"的东西将可能成为未来战争的主要武器。假如苏联最先研制出这方面的武器，那么美国的导弹不再是威胁，也就不会再有战争，而是美国直接投降。苏联在带电粒子方面可能领先美国，但是我认为美国在激光方面领先于苏联，因为我非常确信美国在红外线应用方面的领先地位。然而，无论在任何领域，都不要轻易转让技术。

20世纪70年代初期，苏联曾有意购买洛克希德公司生产的L-1011运输机，这是高级民航客机中最新研制的一种。苏联只想购买3架，但是我们要向他们提供3套完整图纸和全部操作手册，包括世界上首个先进自动盲降系统的细节。这对于全天候轰炸机的生产非常有价值，既不用花很多的费用，也不需花很长的研发时间就可以获得这项技术。此外，这种飞机上安装的劳斯莱斯发动机的性能优于苏联的所有发动机。我反对出售这种飞机，很多人也都赞同我的观点。后来，这笔生意进行到某个阶段就中止了，但据报道，英国仍考虑向苏联出售这种发动机。

未来军用飞机的造价将非常高。一个完整的飞行编队，包括战斗机、轰炸机、对地攻击机、货机。如果全部按最新的"隐身"雷达防御技术设计，这些费用是美国远不能承担的。

美国拥有的先进飞机的种类和数量越来越少。由于成本太高，它们只在关键任务中才能调配使用。新型飞机可以与大量过时的机型一起服役来降低新飞机的易受攻击性，进而提高效力。在执行支持性任务中，可用作载人飞机；在作为轰炸机、导弹运载机或诱敌机使用时，不载人飞行。

在设计新型飞机时，我们不必再像以前那样，把飞机的机动性作为超越所有性能的唯一标准，而是考虑飞机携带导弹的能力。在执行非常危险的任务时，我们不需要任何飞行员驾驶飞机去冒险。

未来的战争如何打，这本身是一个需要做出诸多判断的过程。新飞机需具有卓越的性能，为了实现这个目标，几个基础领域的工作还需要加强。我们不会忘记也不应该忘记，在第二次世界大战中取得航空领域重大进步的国家不是美国，而是德国。他们研发了后掠翼、三角翼和喷气式发动机。

我们还需要进行一些研究，使我们的战斗机在超声速下的航程超过在亚声速下的航程，而且不必打开油耗过大的加力燃烧室。F-15飞机在海面的超声速航程大约为57英里，F-14飞机的航程长不了多少。要增加航程，就必须改进布里斯托尔（Bristol）公司研制的发动机。"协和"超声速喷气式客机现在使用的就是这种发动机。这种发动机只需要使用一小部分加力就可以完成换挡循环，将航行速度提升至超声速，切断加力之后，以非常经济的油耗在马赫数2的速度下巡航。

另一个需要进行研究的领域是跨声速的空气动力学。跨声速指的是马赫数0.9～1.1的速度。目前，飞机如果以这个范围的速度航行，由于巨大的压缩性效应，空气阻力会增加3～10倍。我们现在还是依靠原始的方法来处理这种现象。尽管我们知道如何转移这种压缩性效应，但是还没有完全攻克这个难题。

要降低跨声速飞行遇到的空气阻力，方法有几种。在F-104飞机的设计上，我们采用薄如刀片的机翼以及大后掠翼；在YF-12A飞机上，我们安装了动力强劲的发动机，将飞机的飞行速度强行推到超声速，但是这些都不是解决根本问题的有效方法。

我们还需要做些基础性研究。当然，从逻辑上来说，做这些工作的政府部门应该是美国国家航空航天局。他们投资数亿美元建造了先进的研究设施，如果私人公司再重复建造，即便有足够的资金，也是一种浪费。

重复研究也是一种资源浪费，但这仍然时常发生。举两个具体例子：一个是研发可以承受 500 华氏度高温的飞机雷达罩的合同，一个是研发钛合金起落架的合同。"黑鸟"已经使用钛合金起落架 22 年了！它们的雷达罩在 650 华氏度下表现非常良好！

我们已经完成的研究项目也没有被充分地利用。有时候，放弃使用那些成熟且经济的设备而采用新设施已经成为一种不可抗拒的倾向。我们不应该重复那些费用高昂的研发工作。我想起前面提到过的洛克希德公司的"矛骑兵"和"全能教练机"方案。这些方案都是经过反复讨论才提出的，但军方宁愿耗费更多时间和金钱去研发性能差不多的新型飞机，也不愿改进已证实性能稳定且成本低的现成飞机。

美国必须研究现存的潜在薄弱环节。美国的国防是否依靠一批过时的武器？如果必须突防进入其他国家，最好的方法是什么？

U-2 飞机和航天卫星拍摄的图像为我们提供了许多关于苏联的雷达导弹基地、军工基地以及其他战略目标的信息。

几年前，"臭鼬工厂"曾研究过如何进入苏联，计算了各种不同进入方法的飞机损失，比较了轰炸机从海平面或 80 000 英尺高空进入的优劣。不过这次研究没有考虑飞机采用的低雷达反射截面设计。

我们评估了两种方案：第一种方案是假设 B-1 轰炸机以亚声速从低空突防，另一种方案是假设轰炸机以马赫数 3 的速度从 80 000 英尺的高空突防。

评估的结果是从低空以亚声速突防的飞机将受到苏联各种战斗机的攻击，从老式的米格-15 到最新型更快的飞机。即便将最新的防雷达技术应用到现有的轰炸机上也收效甚微，我们的损失率达到35%。每架轰炸机的成本都超过了2亿美元，这还没包括机组人员的训练费用及地面支持费用。

虽然高空超声速轰炸机的制造成本远高于低空飞机的制造成本，但是战后生存率会高出3倍。

从这些早期的研究中，我得出结论：为什么轰炸机上要配备飞行员？如果我们的洲际导弹能达到预期的精确度，完全没有必要派飞行员去执行轰炸任务。

争论中的一种相似观点是，轰炸机可以接受任务撤销的命令返回，而导弹只能通过无线电信号控制中途自我摧毁。但轰炸机返回也不是没有风险，飞行员在充满核污染的高空云层中飞行45分钟后还有生命迹象是很难办到的。因此，除非要执行某些特殊侦察任务，否则完全没有必要让飞行员冒险飞到苏联上空。

几年前，苏联和美国都在进行氢弹实验。U-2飞机监测空气质量时就发现，每一次核爆炸形成的碎片云都会被大气急流推动，沿极地轨道飘过美国上空，绕地球循环6次。

在核战争或其他战争中，美国海军或其他国家海军容易受到攻击也是一个值得关注的问题。卫星跟踪站每隔90分钟就会在空中扫描一次，很容易跟踪上一支速度为20节的舰队。有一段时期，苏联卫星确实向美国提供了很多有关美国舰队位置的信息。美国在陆地上空的侦察能力则比苏联强。

现在美国完全可以从陆地上对航行中的舰队发射一枚携带12个弹头的洲际弹道导弹（ICBM）或中程弹道导弹（IRBM）。据我所知，目前还没有什么好方法可以拦截一枚垂直打下来的导弹。

苏联的"逆火"轰炸机可在机身下挂置导弹，从240~250英里之外发射，并引导导弹袭击我们的主力舰，所以阻止"逆火"轰炸机的能力至关重要。

美国海军容易受到攻击的问题生死攸关，极其重要。撇开军方任务不说，仅保护环绕非洲大陆和从中东跨洋运输原油的油轮就是首先需要面对的任务。保证这些运输航线畅通的重要性不言而喻，因为美国的很多战略物资都短缺，钒、铬、铂等金属大多来自非洲和其他发展中国家。

苏联制造的潜艇性能非常好。与美国的潜艇相比，苏联潜艇的体积更大、速度更快、潜水更深。苏联最新制造的潜艇几乎和巡洋舰一样大，时速可以达到50英里，比美国的潜艇快很多。同时苏联最新研制的潜艇采用钛合金外壳，很难被探测到，因为钛合金是一种非磁性金属。苏联之所以能制造这么多大型的钛合金外壳来装备他们的潜艇，使潜艇具有深潜能力，是因为他们拥有大型水压机，而美国没有。

如果苏联决定用他们的潜艇攻击美国的船运，那么美国会遇到大麻烦。当然，美国可以找到其他方法与苏联的潜艇抗衡。不要忘了美国拥有"三叉戟"（Trident）导弹和早期潜艇发射的"北极星"（Polaris）导弹。

反潜战是一场不断变化的战争。洛克希德公司为美国空军制造的舰载S-3A反潜机在服役5~6年后，就安装上了新型的潜艇定位电子设备。

几年前，专家就发现了每艘潜艇潜行时发出的噪声各不相同。尽管消除噪声一直是我们努力的目标，但是目前还没有一艘潜艇是完全无声的。现在这些噪声已经被分类成目录。借助声呐和其他探测仪器，美国的反潜机、油轮以及地面跟踪站可以跟踪和识别不同的潜艇，判断潜艇的大小以及潜艇使用柴油、电力还是核能。

反潜机实际上是"哈德逊"战斗机的改型。在第二次世界大战期间，一架英国皇家空军的"哈德逊"飞机有史以来第一次俘获了一艘潜艇。从那以后，洛克希德公司制造的反潜机超过其他所有公司的生产总和。

反潜是一门不断发展的科学。从最开始的潜艇必须使用换气装置浮出水面来给电池充电，到今天的核潜艇可以在水下潜行几天，回顾潜艇的发展历史，可知潜艇一直在这场追捕和隐藏的游戏中处于领先地位，即便暂时被反潜与破坏技术赶超，但是一定会再次居于领先地位。

多年来我一直在说（因为根本不现实，所以是开玩笑），在下一次战争中，我要带上充足的食物和备用物资待在一个深潜的镀镍核潜艇里，因为那里才是世界上最安全的地方。镀镍使潜艇表面更光滑，从而使潜行中发出的噪声特别小。当然，这种潜艇的造价也是相当昂贵的，让人望而却步，但我们现在正在专心研究其他镀层来达到消声效果。

"运行分析"（operations analysis）或"运筹学"是一种有关设计决策的方法，源自第二次世界大战早期反潜方面的研究及后续的努力。洛克希德公司决定继续进行反潜研究，为此我们必须不断学习。战后，我们从美国海军那里争取到一份研究合同，合同几乎是"免费"的。我组建了一个小组，由罗伯特·A.贝利（Robert A. Bailey）直接领导，专门研究潜艇和反潜各方面的发展，包括声呐、重量分析、噪声等。

我们享有获得秘密信息的特权，但作为回报，我们每隔几个月必须向美国海军汇报一次研究结果。"运筹学"的核心，也是让"运筹学"变得有价值和准确的唯一方法，就是把它当作纯粹的研究。千万不要把它当成一种推销的工具，如果这样做，从长远发展来看是不利于生产的，因为可能会导致生产减少。

美国的敌人通过很多方式来干扰美国关键物资的供应。比如，颠覆那些向美国提供战略物资的发展中国家，建立服从或同情他们的政府。

由于美国物资的供应存在威胁，在美国及其所在半球上的其他国家开发基础物资就特别重要。

制造SR-71飞机的板材和棒材所使用的海绵钛主要来自澳大利亚和日本，这两个国家具有充足的供应。但制造"黑鸟"飞机的基材来自苏联，因为苏联那时正在研发钛合金制造设施，并通过降价抢生意。美国买了一次之后就没有再买了。

到目前为止，在美国发现的钛矿并不是能提炼出海绵钛的金红石，而是氧化钛的另一种形态——钛铁。当时从国外进口钛铁要比在美国当地开采便宜得多，而且加工美国本土的钛矿耗能更大，但用本土的钛矿可以确保钛的供应。美国知道该怎么做，但是由于进口钛比较便宜，所以昂贵的开发工作一直被推迟。

这又回到了我最喜欢的改革方向：大力提升美国的钛开发能力，使钛金属的成本降到与其他材料相比合理的程度。这意味着要提高采矿、冶炼的技术，建造轧钢厂和钣金厂，尤其是大型模锻水压机。大型模锻水压机不仅可以锻造大型潜艇板材，使美国潜艇具有与苏联潜艇一样的深潜能力，还可以锻造其他大型部件，如飞机起落架等。

建造这种大型模锻水压机的初期成本非常高，但是大型水压机能保障钛的供应、节省生产时间、提高成品的质量，并且对美国国防极具重要性，所有这些的收益都已经大于投入的成本。

在技术战争中，我们能做的最重要的事情就是培养新工程师、科学家和技术人员，因为他们可以从事更复杂和更庞大的新项目。美国特别缺少技术人员，我们不能重新任命从事传统飞机设计的工程师立即去应对未来的技术。工程师仍将继续设计和建造美国的防御系统，但现在确定这个系统的内容的学科是物理学。

苏联每年毕业的工程师人数是美国的5倍，但是没有一人失业。不幸的是，美国的项目很不稳定，员工经常经历培训、被雇佣、被解雇的循环。

美国等西方国家的国防需要应用运筹学方法，即客观地从一开始就纵览全局。战争将会是什么样？是核战争，还是非核战争？我们真正需要的武器是什么？是否需要动用造价昂贵、但可以持续2~3天作战的核动力航空母舰？航空母舰是否要潜入水下，像潜艇一样？当从地面上可以精准地控制和发射导弹时，是否还需要载人飞机？在高度复杂、技术先进且非常昂贵的飞机向目标攻击之前，是否需要使用老式飞机作为诱饵先行试探一下？从运筹学的角度来说，任何观点都不是异想天开而不能考虑的，必须从效用、成本、复杂性、可行性、可靠性、可管理性及其他特性进行评价。

在"臭鼬工厂"，我们十几个人一直将这种方法应用到工作中，这使得我们从"对手"在做什么、"我们"可以做什么中受到启发。对手研制的地对空导弹性能如何？他们的雷达性能如何？他们要研制的下一种飞机是什么样？他们在其他领域做了哪些研发？如果发生战争，我们如何应战？

这种研究国家策略的方法，对于美国国防来说具有重要意义。

第十九章
科技与未来

到 21 世纪，漫画和科幻小说中介绍的"死光"将变成现实；激光束和带电粒子武器在未来核战争中将成为我们防御敌方导弹和火箭攻击的武器。这些武器都由计算机控制，在太空中引爆来袭弹头。

这是现在的小说中描述的一幕，但要把它变成现实可不是一件简单的事。激光以每秒超过 186 000 英里的光速传播。激光具有广泛的和平用途，可以应用在外科手术、制造业和其他工业上。如果用作一种杀伤性极强的武器，激光炮可以摧毁速度高达马赫数 24 的来袭火箭。

我们预测，激光首先应用于太空基地的防御，因为激光束深入大气层时，其实际可以使用的所有频率的有效性会大幅度降低。

要在太空部署和操作激光武器，需要很大的能量。如果从地面发射激光穿过大气层，需要的能量更大。

因此，美国的第一种防御核导弹攻击的武器应该是一种非常精密的从地面发射的反弹道导弹。尽管签订了第一阶段限制战略武器协议（Salt I）和第二阶段限制战略武器协议（Salt II），我认为美国还是应该尽快研制这种导弹。同时我认为美国应该研发最有效的防御敌方来袭导弹的武器——在太空基地部署激光或粒子束武器。

这不是应该，而是必须。

最初我们试着发现目标，然后用激光炮瞄准。尽管这种尝试非常笨拙，但后来我们还是成功地击中了一个从低空飞行的C-141飞机上放出的目标。这种武器一旦成功后，还可以结合红外线、雷达和电子光学系统来使用。

从轨道上运行的一串（可能有24个）卫星上发射激光，可以摧毁几个甚至几百个仍处于发射或推进阶段的火箭。防御武器的速度不仅要快于计划拦截的武器，还要做到多次拦截和精准拦截。面对大批目标攻击时，可以迅速从一个目标转向攻击另一个目标。这需要世界上最好的制导系统。

带电粒子束是一种核武器，但不会产生任何污染。实际上，它没有放射出任何物质，只是释放能量而已。带电粒子武器应用了磁流体力学理论——通过电力或者核能源产生一股高能射线。电容器在释放电子束的同时释放超高速电能。捕获和释放带电粒子所需的温度为几亿摄氏度，等同于太阳上电子活动的温度。带电粒子在地球上产生，但是时间很短，在1纳秒内剧烈地一震，以至于整体能量可以忽略不计。

目前我们无法知道这些武器会是什么样子。从根本上来说，它们将是大型的发电机，可形成电子容器，可在其中注入各种气体来产生电子流，但是如何释放这种电子流是一项非常困难的研究。苏联主要使用一种大功率转换装置来转换大量能量，这种装置源自美国的技术输出，这让我深感遗憾。

我经常把这种激光或粒子武器想象成一顶圆锥形帐篷，它罩住我们要保护的目标，如导弹发射场、大城市、政府所在地等。

这顶圆锥形帐篷可以实现从地到空的完全保护，不会让任何物体飞进去。任何袭击我们的核弹都会在太空里被摧毁，不会对大气层产生任何放射性污染，这就是用原子去打原子。当然为了建造如此庞大的地面防御系统，需要大量的能量，我们一直在朝这个方向努力。

在这个过程中，太空中运行的卫星发挥着生死攸关的作用。对于潜艇发射的"北极星"和"三叉戟"导弹的制导系统来说，导航卫星尤其重要。正是因为有了这些卫星，从潜艇发射的导弹才能够与从地面固定地点发射的导弹一样，准确地击中目标。只需用几年的时间，在2000年之前，美国就可以定位世界上的任何地方，定位误差不超过10英尺。激光和粒子武器都是保护这些卫星的必需武器。

到了新千年，飞机的重要性何在呢？用于防御，还是商业用途？

作为一名飞机设计师，尽管这种想法有点叛逆，但是我发现载人军用飞机的作用在减弱，我们现在越来越依赖远程遥控飞机和导弹。导弹可承受的机动性达到20倍重力加速度，而人可承受的最大机动性只为9倍重力加速度，相当于其自身重量的9倍。如果通过具有搜索能力的导弹就可以发现目标，或者通过与高空飞行的U-2飞机或太空卫星连接的电视屏幕以及其他可靠的中继链路，华盛顿的工作人员就可以快速获得实时数据，那么为什么还要把一名飞行员送到敌方领空呢？

如果我们必须使用载人战斗机和轰炸机攻击地面目标，那么最好在任何飞行高度都采用隐身技术，因为飞机极易被地对空导弹或其他战斗机击落。

"隐身"是一种可以改变空战特征的技术。如果敌方无法用雷达侦测到飞机，就无法击落它。当机组人员不用担心来自地面的袭击时，战斗机和轰炸机的战斗力将大大提高。

我们如今仍在继续研究"隐身"技术，并曾在首架"黑鸟"飞机上引入了这项技术。这个系列的外形有利于减少雷达反射。此外，20%的飞机表面由"隐身"材料制成。当然，这个系列的飞机还依赖飞行高度、飞行速度和电子干扰等其他设计元素躲避侦测。

现在这项技术已不完全是洛克希德公司的特有技术。在商业竞争中，洛克希德公司虽然没有落伍，但是也没有什么新奇之处。"臭鼬工厂"曾经因无须竞标就获得许多独家合同而引起众多嫉妒。我对公司创造的纪录感到非常骄傲，这是我们奋斗的结果。政府的政策鼓励各个航空航天公司之间保持一种竞争关系。这是合理的，因为只有这样，我们才会努力使自己处于领先地位。

尽管"臭鼬工厂"和军方代表对员工执行严格的保密制度，但是从我们公司和某些关键机构新近退休的人员仍在行业内享有特殊优待的工作机会。他们通常担任兼职顾问，有的薪水增加60%，有的获得股份期权，有的获得配备汽车的优待或获得其他形式的奖金。这些拿着高薪的退休人员有什么共同之处吗？有，他们都曾参与过"隐身"技术的研发工作。

现在距离新千年已经不到20年了，就我个人而言，不打算做更遥远的预测。谁能在1938年预测到我们在1958年设计的飞机会达到3倍声速？当然，这是在非常保密的情况下研发的，当时任何人都会说无法实现。谁又能预测到从1977年到1982年喷气式运输机的成本在短短的5年内上涨了300%？又有谁能预测到喷气燃料会从每加仑17美分飞涨到1.5美元？

回顾过去，美国在20世纪60年代就不再研发超声速运输机是个很明智的决定，而洛克希德公司在设计竞标中失败也是幸运的。燃料危机会重创超声速运输机，而且噪声问题也是无法接受的。即便到了今天，将这样一种飞机用于商业用途，我们仍承担不起。当然，"协和"超声速喷气式飞机是因为获得英国和法国政府的补贴才得以研制成功的。

洛克希德公司当初提出的超声速运输机方案，在设计上基本就是3倍大的SR-71飞机，并且已经通过飞行测试。我们并没有采用各家航空公司青睐的宽大机身。虽然宽大机身有利于在飞机内部做多种安排，但是我们知道要达到3倍声速，重量和阻力是非常重要的因素。

很多航空公司都选择了波音公司设计的宽机身。这个后来被取消的合同给了波音公司，这家公司从来没有设计过加力燃烧室，也没有解决过音爆问题，也就是说没有任何设计超声速飞机的经验。洛克希德公司的设计方案公开后，我们发现波音公司的设计方案越来越像我们未被采纳的方案。不过直到合同被取消，他们设计的飞机还无法完成700英里的跨大西洋飞行。我想或许有个折中的办法——它们可以从大西洋中间接载乘客。

对于商业运营来说，超高油耗仍是一个需要解决的问题。为了在经济上合理，超声速运输机需要研发一两个系列的喷气式发动机。这种发动机在不需要加力燃烧室的情况下可以加大推重比，使飞机达到超声速。到2000年，我们是否能够研发出这种改良的发动机还要取决于研发经费的拨付情况。

如果想要成功地被商业航空公司接纳，超声速运输机首先必须解决噪声问题。当然，这也依赖于先进发动机的研发情况。

目前就有一项技术（不是方法）可以降低飞机起飞时的噪

声，这就是空中加油技术，但是我没能说服航空公司，他们都认为这种技术无法被乘客接受。其实乘客可以接受这种技术，甚至都不知道什么时候加油。到 20 世纪 80 年代初期，我们已经对"黑鸟"飞机完成了 18 000 多次空中加油。

坐在飞行中的 YF-12 飞机的第二座椅上，我对它接受 KC-135 加油机加油时的速度和技巧表示叹服。飞机转弯、爬升或进行其他机动都不会影响空中加油。我确信空中加油技术是航空史上最重要的一项发展。为什么？因为没有这项技术，我们的轰炸机无法飞到苏联后再返航；我们也不能像现在这样利用 C-5 飞机把超大载荷运过大洋，也不能把美国战斗机运送到地球的另一半；SR-71 飞机也无法在 5 小时内完成 7 500 英里的跨太平洋飞行。空中加油技术大大削减了美国驻其他国家的空军基地。

使用这种技术，超声速运输机可以在起飞时只携带少量燃油，在飞行过程中加满燃油，然后按照常规方式降落。举个例子，目前的"协和"超声速喷气式客机载满乘客从洛杉矶起飞，如果机身比较轻，就不需要打开发出噪声的加力燃烧室，然后在哈德逊湾上空通过 707 飞机或者其他老式运输机改装的加油机进行空中加油，超声速喷气式客机可在中途不着陆的情况下直飞伦敦。但是回到现实中，我并不希望这种情况发生。

我不希望苏联在这个方面胜过美国。在 1973 年的巴黎国际航空航天展上，发生了一件有趣的小事。当时苏联的超声速飞机还没有发生坠毁的惨祸，受邀人员不仅可以在地面上参观这架飞机，还可以参加飞行。洛克希德的其他人员都允许登机参观，甚至参加飞行，唯独我被 8 位苏联工程师包围在外围区域。他们就像没有听到我想登机参观的要求，所以我只能欣赏一下这架飞机的外观了。

我对苏联的大型水压机的锻造能力一直印象深刻，美国也需要大型水压机，但是很遗憾还没有。另外，我发现苏联飞机蒙皮的制造工艺相当粗糙，铆钉头不齐平。虽然机身制造得非常令人满意，但是对于美国制造商最发愁的使飞机外蒙皮光滑的要求，苏联却不在意。

我们很惊讶地发现苏联在飞机设计方面缺乏足够的安全意识。不论是军用飞机还是民用飞机，他们的设计标准都无法达到美国制定的标准。如果按照美国联邦航空局规定的发动机停车起飞的测试要求，苏联的很多大型客机都是通不过的。

在朝鲜战争中，苏联的军用飞机就不具备发动机停车后再起飞的能力，四发动机轰炸机满载后需要整条跑道才能起飞，如果一台发动机停车，剩余的三台发动机在整条跑道上无法带动飞机起飞。其实苏联并不是不能改进这方面，只是他们还要考虑其他因素，所以选择放弃改进。

从技术方面来看，高超声速运输机是下一步努力的目标。要使运输机的速度达到马赫数 4 和马赫数 7 确实是一件非常困难的事情，因为加速的时间太长，而高超声速的飞行时间还不到全程的三分之一，飞机就要准备减速着陆。

高超声速运输机在商业航线上根本没有一席之地。即使是长途飞行（唯一适用这种飞机的航线），据我们目前所知，37% 的航程用于爬升和加速，30% 的航程用于巡航，然后飞机就要开始减速下降了。

据我们目前所知及将来预估，这种高超声速发动机的油耗非常高，确实不适合实际使用。

作为客运机，高超声速运输机在经济上是不可行的，但如果用在军事上，它可以无人驾驶。SR-71 飞机的速度已经超过马赫数3，同时飞行高度也超过100 000英尺。

在未来，核动力飞机是另一种可以考虑的方案。第二次世界大战后，我们与美国战略空军司令部签署了一份合同，研究设计一种核动力轰炸机。这是首个"臭鼬工厂"成立之前的事情了，当时我还只是洛克希德加利福尼亚公司的总工程师。

当时美国战略空军司令部的司令柯蒂斯·李梅（Curtis LeMay）将军想要一种飞得很高且速度达到超声速的飞机。这就是NEPA项目，"NEPA"是"核动力飞机"（nuclear energy for propulsion of aircraft）的缩写，参与的公司有六七家。詹姆斯·道格拉斯是当时的美国空军部长。30年后，当我们再次在华盛顿相遇时，他走过来，特别感谢我当时"粉碎"了核动力研究项目。

正如我所说的那样，核动力总被不恰当地应用。为了装下大型核能发动机，核动力飞机通常被设计成一个庞然大物，仅驾驶舱就重达40 000磅。为了降低辐射，确保飞行员和机组人员每年约30小时的安全飞行，驾驶舱和飞机后部之间要安装一个铅屏，因为飞机后部安装了反应堆。

这种飞机初步设计要安装4台或8台发动机。由于反应堆辐射太"火爆"，如果想更换一台发动机的发生器，必须通过机器人来远程控制。这种飞机很难从地面上飞起来，因此要安装燃油加力燃烧室。它变成了一个令人讨厌且笨拙的庞大系统。

虽然经费已获得批准，军方要求我们继续研究，但是我坚决反对。经过几番激烈的讨论，其他人勉强同意我的意见，放弃了这个项目。

即便到了21世纪，我想也不会出现核动力飞机。

航天飞机由于多次在公众面前亮相，是一个可以吸引人们兴趣的设计概念。从哲学上说，将人类送上太空再带回地球，能增加人类的自信心，至于航天飞机的经济性、商业性，我就无从知道了。每年航天飞机的发射次数和消费者使用的真实价格还没有确定。

我非常担心这些早期的航天飞机持续飞行的安全性。在第二次飞行中，机组只剩下3个供电电源的最后1个，这可不是一件闹着玩的事。

通过发射一个无人驾驶的便宜装置，我们就能做很多事，通信卫星已经在轨道上运行了很多年，并做出了许多突出贡献，它们才是非常好的商业装置。

从更现实的角度来说，除了第二代喷气式运输机的研发之外，21世纪的商务客机、货运机或者其他型号飞机仍会是它们服役时的样子。飞机的研发已经不像几年前那样，要求飞机越来越大，而是强调飞机在现有技术下的现实性、实用性和商业可行性。

多年来，我一直有一个想法：不使用核弹甚至火药就能摧毁敌方的主力舰，这才是一种真正的"低污染轰炸"。"普韦布洛"号（Pueblo）和"马亚圭斯"号被俘时，我就曾有过这种想法。我们的人员全部撤离后，在不伤及一人的情况下将军舰击沉。

这个方法是利用SR-71飞机在空中投下一枚重2 500磅的高流线型炸弹。它由工具钢制成，因为工具钢不会被摔碎，它到达海面时速度会达到马赫数3，其穿透力可以摧毁任何船只，且产生的热量会引起火灾，烧毁并使船只沉没。这是一种无污染的摧毁，并且费用低于常规武器。

这样的炸弹可以穿透地下300英尺，能堵塞乌拉尔（Ural）山脉的隧道，也可以穿透33英尺厚的加固水泥墙。

我们确信飞机可以携带和发射这样的炸弹，因为之前我们曾用 YF-12 飞机发射过导弹。

这种炸弹必须由工具钢制成，因为工具钢的硬度非常大，可以确保撞击时不会裂开。这种攻击方法的关键在于引导的准确性，我们希望炸弹从 85 000 英尺的高空投下时，可以击中 30 英尺的目标区范围。当然，根据重量、阻力和速度，可以很容易计算出它的穿透力，这种武器的设计也很简单。我并不是有意向苏联透露这种想法，因为他们飞机的飞行高度或者飞行速度还无法满足发射条件。

采用新技术开采海底矿藏是一种很有前景的资源开发方式。我们知道海底矿藏包括铬、钒、铂等稀有物质，而这些物质目前美国仍依赖于非洲进口。目前这种技术已经成形，只需要投入几亿美元，就可以将这种技术转化成现实。

"格洛玛勘探者"（*Glomar Explorer*）是休斯飞机公司、全球海事系统有限公司（Global Marine）以及洛克希德导弹和航空分公司联合研发的一种专门探测海底矿藏的装置。它类似真空吸尘器，可以到达两三英里深的海底采集结核矿。这种采集装置已经在夏威夷西部和西南部海域开展了实验性工作，船上的加工厂可以将采集来的结核矿分解成矿石。技术已经有了，但存在争议的是从公海获得的物品收益应该由哪些国家享有或分享，这种争论有待解决。

"格洛玛勘探者"还具备另一种特别重要的功能——潜艇救援和打捞。

洛克希德公司参与了"格洛玛勘探者"的研制过程，设计了机械装置来打捞一艘沉在 15 000 英尺海底的苏联废弃潜艇。"格洛玛勘探者"远程遥控的钛合金手臂在打捞前没有进行一项静力试验，导致这次打捞没能百分之百成功。我们已经发现了沉潜艇，并开始实施吊起操作。向上吊至 $\frac{2}{3}$ 深度时，一只手臂失灵了，潜艇的一部分又沉了下去，但其他部分被打捞上来了，为美国潜艇的改进提供了很多有用的信息。

后来，美国的一艘潜艇在东大西洋海域失踪了。我们怀疑它可能成了其他国家的潜艇玩"冲撞游戏"的牺牲品，但是没有任何装置可以下降到 9 000 英尺的深度搜寻，即便无法打捞，哪怕是检查一下也行。所以毋庸置疑，深海探测器既有军事价值，也有商业价值。"格洛玛勘探者"的维护费用非常高昂，仅甲板上的维护费用每月就需大约 30 000 美元。当然它的价值也很明显，它就是一台方便有用的装置。

我们的武器并不都是军用的，有些也是民用的，具有经济价值。依我的想法，未来最重要的飞机不是运输机、轰炸机、战斗机，而是农业喷洒机。为什么？我们除了要养活世界上那么多的人口，还必须维持生态系统、保护森林、耕种土地、扑灭山火、调节气象，甚至在发生核爆炸和环境污染时，我们要派飞机去喷洒，降低辐射的影响。

这种飞机并没有什么特别之处，只是对多数人而言，它比其他飞机更实用、更重要罢了。我之所以更喜欢这种飞机，是出于和平的目的，而不是为了在核战争中减少辐射污染。

第二十章
美好的一生

就在今年春天的一个周六早晨,我们给52头小牛打上了烙印,牛的总数比上一年增加了10头。那天上午,我和南希在星巷牧场招待了64位客人,包括朋友、邻居、牧场主和牧牛工。他们参加了牧场举办的传统烤整牛的野餐聚会,这是我和南希在牧场里经常举办的活动之一,也是我们最喜欢做的事。

实际上在前一天,我们就已开始聚拢牛群。隔壁牧场的主人迪·麦克维(Dee McVeigh)老兄带来了9名牧牛工。他们一起上山帮忙把牛赶到一块。除了一头特别有蛮劲的母牛,所有的牛都聚到了一起。每年那头母牛都能逃过我们的追赶,它完全不像一头母牛,更像一头鹿,跑起来特别快。聚拢牛群后,我们跟在这些小牛、母牛和阉公牛的后面一起下山。

我们卖掉阉公牛和不再产奶、不再生小牛的母牛,为6~8个月的新生小牛喷洒驱苍蝇和扁虱类的药物,注射预防口蹄疫及其他疾病的混合型疫苗,喷射防治红眼病的药物,然后进行阉割手术和打上烙印(一个带有字母"L"的星形标记)。正常情况下,所有牲畜每年都要注射一次疫苗,喷药两次。

星期五傍晚,所有牲畜都被赶到几个围栏里去,等待第二天早上的活动到来。

星期六上午 8 时，我们把人手分成几组，每组有三四个人负责骑马。首先要做的棘手事情是将小牛和母牛分开，然后再将小牛按照约 10 头一组分开，每次往主畜栏里赶进一组小牛进行操作，每换一组小牛就换一组牧牛工。

上午很快过去一半时间，我们休息一会儿，喝点咖啡和饮料，吃点甜面包。

这活很辛苦，但是许多干这种活的人都白发苍苍，年龄超过 70 岁，也有少数超过 75 岁。他们一辈子都在套牛，就像驾驶飞机一样，经验才是关键。当然，也来了一些年轻人帮忙，我们牧场管家的儿子拉里·埃里克森（Larry Erickson）也加入其中。

我拿着烙铁，我的老朋友洛厄尔·福特医生负责阉牛，还有一位年轻的女兽医助理担任他的助手。福特医生并不是兽医，但是每年都会参加这个活动，只是因为有趣。他刚从克恩维尔（Kernville）回来，之所以去那里，是为了帮助那里建立了一个亟需的诊所。福特医生不仅是一位博学多才的人，还是一位人道主义者和学者，曾在西方学院教过宗教哲学。他发现阉牛和他的医学手术有共同之处。

处理完所有小牛之后，每年需要做的准备工作就全部干完了。时间已经到了中午，烤整牛的时间到了。

我也忙了一上午，这时回到主屋洗澡，换上"主人"装扮：下穿牛仔裤，上着刺绣衬衫，头顶大号墨西哥宽边帽。这就是我下午要扮演的角色。

烤肉地点定在一片低洼草地上，几棵巨大的老橡树为我们提供阴凉。烤肉的火坑是早就挖好的，这已成为一个永久性的火坑。炭火已经引燃，长桌和长凳也摆放好。我们在桌子一端用大箱子搭起了一个吧台，上面摆放着汽水、啤酒、葡萄酒和烈酒。

另一个餐桌上摆放着一排蘸料和薯条。

我们是一个意气相投的群体,即便是新来者,用不了多久也会变得熟悉。几轮畅饮过后,我们撤下零食,开始上主食,有烤香肠、三角牛排、青豆、各种沙拉和一些甜点。食物特别丰盛,足够大家享用,即便是饥饿的牧牛工也能够填饱肚子。

然后我们开始玩纸牌,几个老手和我一起玩。这是一种很野的玩法,每场的发牌人说出玩法后,这场纸牌游戏就按照这个玩法进行。输赢都不会很多,但是这个游戏是每年的主要活动之一。

夕阳西下,宾客陆续离开,那些打算留下来过夜的亲戚和朋友会随我和南希一起开车上山回家。在每个季节和一天的不同时辰,山里都会呈现不同的美景,但是夕阳时分是我忙碌一天之后最喜欢的时光。

尽管有专职的牧场管家,但是要经营一个牧场,牧场主只要有兴趣,就仍有很多活可做。南希和奥尔西娅一样,从一开始就特别喜欢牧场生活。牧场中的所有活计,我们俩都要参与,比如和李一起检查工作进度、犁地、种植燕麦、喷洒除草剂、收割、堆垛和储藏农作物等。

那年是丰收年。夏末时,我们的3个谷仓储藏了10 000捆干草,等到冬季价格高些时即可卖掉。很多牧场主收割后要马上卖掉,因为他们的谷仓地面没有铺水泥,总会有囊地鼠进入谷仓偷吃。

但在干草还没捆完前,一场大火横扫了135英亩庄稼地,差一点减少了收成。这场大火是由收拾干草捆的机器的火花引起的。这个机器装有防火花罩,而且防火花罩还是新的,李在使用前还检查了两次。那天正值盛夏,天气异常炎热。李干活到很晚,当他熄灭机器,离开地里时,天色已经暗了下来。他回到家时,转身才看到漆黑的夜空已经被火光映红了。

今天的农牧场主之间仍保持着拓荒时期的那种互帮互助的精神。我们牧场南面的一个素不相识的牧场主看到火光后，开着卡车，载着一大罐水过来了。虽然后来没有用上那些水，但是我们还是非常感谢他。在我们报警几分钟后，就来了3架直升机和2架灭火机，消防员用了不到一个小时就将火扑灭了。

这个区域内发生的几起火灾的原因都相同：机器上的防火花罩由普通的镀锌铁丝网组成，使用1个月左右就会被烧坏。虽然设计满足法定要求，但是很显然还有欠缺。后来我为我们的机器重新设计了新的不锈钢防火花罩。

每年牧场丰收的另一种农作物是胡桃。我们在牧场上种植了40棵胡桃树。不过我们不会出售胡桃，而是将它们作为圣诞礼物送给亲朋好友。

我们非常想在牧场里开辟一块菜地，但是这根本不现实，因为囊地鼠太多，我们没有有效的方法消灭它们。

我们骑的马都饲养在自己的牧场里，我曾把一头新帕洛米诺马作为礼物送给南希。她经常骑马，我自己却很少骑马了，几乎已经放弃了骑马活动，因为我不想在人生的这个时候摔断脊柱。

我很喜欢做机械活，花了大量时间维修卡车、拖拉机和其他出了毛病的机器。我可以在自己的工作间里待上很久。工作间里的设备齐全，我几乎不需要到外面去加工，就可以让所有机器保持正常运转。我想这也是我热衷牧场生活的主要原因，如果我自己不动手，牧场每年的经营费用将是现在的2倍。

现在，我计划在牧场里修建的几个主要工程大都已完成了。买下星巷牧场后，我最先开工的一项工程是在流经牧场的小河上修建一座兼做桥的水坝。我仔细考虑了水坝的载重能力应该定为多少，是可以承受一辆运输干草的卡车，还是更重的运输工具，比如运载"民兵"（Minuteman）导弹的卡车。最后我决定选择后者，只要是小于这个重量的运载工具，都可以安全地通过牧场的小河。如果有一天，牧场附近的范登堡（Vandenberg）空军基地或其他地方需要疏散武器，星巷牧场不会成为他们部署周围山区的障碍。

我的工作一直让我感觉很兴奋，现在仍是如此。只要需要，再困难的研究都会变成我的一种乐趣。我真的非常喜欢空气动力学、数学、物理和机械工程，所有与我工作相关的学科我都喜欢。我觉得自己非常幸运，一生都在做着自己想要做的事情。

我儿时的梦想是成为汤姆·斯威夫特那样的人，直到现在我仍有梦想，我常把自己想象为儒勒·凡尔纳（Jules Verne），被困于荒岛之上，没有任何现成的方法逃生。当我在牧场或恩西诺家中的游泳池内游泳时，常给自己出这类难题。我怎样才能在荒岛上建造一架飞机？怎样才能找到矿石，并挖出矿石冶炼？怎样才能炼出钢？如何才能研制出发动机、汽化器、点火系统？我该制造什么？是拖拉机，还是轮船？或者如果不像凡尔纳那样被困于荒岛之上，而是只用牧场的工具，我该如何完成这些？在精神上不断挑战自己对我来说是一种消遣。

但我心目中的英雄并不都是虚幻的，现实生活中也有几位。比如，查尔斯·凯特林（Charles Kettering）博士就是其中之一。多年来，他一直负责通用汽车公司（General Motors）的研发工作。虽然我从没有见过他，但是读过有关他的报道和有关他如何工作的书籍，对他研发的项目有一定了解。他领导一个非常出色的实验室，研究出许多重要的成果，比如汽车的电启动器。它为女士开车提供了便利，之前大家一直靠一个很难操作的曲柄来启动发动机。

托马斯·爱迪生（Thomas Edison）是另一位我最崇拜的人。他是一位了不起的发明家，为了追求目标顽强不屈。他对进入未知领域毫不畏惧，不怕反对意见。他不仅对发明感兴趣，还将发明应用到现实生活中，电灯泡就是他的发明之一。

我的人生兜兜转转已经走了一大圈。从气候恶劣的北密歇根地区到土壤肥沃且森林、峡谷遍布的南加利福尼亚地区，两地相隔非常遥远，但是我自孩提时代就喜欢的一些东西现在仍然可以找到。牧场就像我孩童时在森林里的藏身之处，马和狗是我的宠物，在工作间工作是我最大的爱好，当然我的图书馆也扩大了不少。我现在拥有的一切和孩提时代一样美好，只是更有趣、更丰富而已。

我再次拥有了幸福的生活。我和南希在恩西诺和星巷牧场度过了大部分时光。每周我都会去洛克希德公司工作几天，还经常去华盛顿询问有关航空航天方面的事，南希总是陪着我。我们喜欢参加各种社交活动，因为可以认识很多不同的人。只要有时间回到加利福尼亚，我们就会在牧场里度过 3 天周末时间。

牧场的生活非常平静美好。我们通常在周五去阿莉萨尔打高尔夫球，然后在外面就餐。南希的厨艺很好，所以在家里我们总是自己做些吃的。在我们恩西诺的家中，住着管家卡门·洛艾萨（Carmen Loayza）和两条警犬——"狼"（Wolf）和"王子"（Prince）。婚后的第一年，我和南希在牧场度过了感恩节，在恩西诺度过了圣诞节。

在这本书即将收尾的时候，杰罗姆·萨克斯（Jerome Sacks）医生为我做了一次三旁路心脏搭桥手术。这是第二次心脏搭桥手术了，第一次是在 9 年前做的。

我生命的最后一章还没有写完，但是，即便今晚上帝召唤我，我也已经享有超过我应该享有的份额了。我经历了贫穷和富有、奋斗和成功、默默无闻和声名显赫、疾病和健康、痛苦和喜悦、幸福和爱情。所有的一切都已经超过我应该享有的份额了。

附 录

奖项与荣誉

1937 年　由美国航空科学学会（现美国航空航天学会）授予劳伦斯·斯普利奖，表彰他在高速民用飞机设计领域的重大突破——为 14 型飞机研制了富勒襟翼。这个奖项每年都会颁发给在航空领域取得杰出成就的年轻人。

1941 年　由美国汽车工程师学会颁发莱特兄弟奖章，表彰他在四发动机飞机的操控方面的成就。

1956 年　由美国航空科学学会授予西尔韦纳斯·艾伯特·里德奖，表彰他在"高性能亚声速和超声速飞机的设计和快速研发"方面做出的突出贡献。

1959 年　作为 F-104 "星战士"的设计师，他与通用电气公司（发动机）和美国空军（飞行纪录）共同获得科利尔奖。F-104 飞机被选为上一年度美国航空领域的最大成就。

1960 年　由海外战争退伍军人协会颁发亨利·阿诺德将军金质奖章，表彰他在 U-2 高空科研飞机设计领域做出的突出贡献。

1963 年	由美国空军协会授予西奥多·冯·卡门奖，表彰他在 U-2 飞机设计和指导性研发工作中做出的突出贡献，向西方世界国家提供了一种捍卫自由的最有价值的工具。
1964 年	由美国总统林登·贝恩斯·约翰逊在白宫庆典上颁发自由勋章，这是美国总统可以授予的最高公民荣誉奖章，肯定他"在提高美国公民生活质量方面做出的巨大贡献"，表彰他在航空领域起到的推动作用。
1964 年	由华盛顿国家航空俱乐部授予成就奖，表彰他"多年来在飞机设计和研发领域做出的突出贡献，涉及的机型包括'星座'、P-80、F-104、'喷气星'、U-2，以及在冶金学和性能方面取得重大突破的 A-11（YF-12A）"。
1964 年	荣获科利尔奖（第二次），表彰他将 YF-12A 拦截机速度提升至每小时 2 000 英里的工作。这一成就被称为上一年度美国航空领域的最大成就。
1964 年	由美国空军协会授予西奥多·冯·卡门奖（第二次），表彰他在 A-11（YF-12A）拦截机设计及研发方面做出的突出贡献。
1964 年	被密歇根大学授予工程博士荣誉学位。
1964 年	被南加州大学授予科学博士荣誉学位。
1964 年	被加州大学洛杉矶分校授予法学博士荣誉学位。
1965 年	由加利福尼亚州圣费尔南多山谷工程师协会授予"年度圣费尔南多山谷工程师"称号。
1965 年	当选为美国国家工程院院士。
1965 年	当选为美国国家科学院院士。
1966 年	由美国航空航天学会授予西尔韦纳斯·艾伯特·里德奖（第二次），表彰他通过试验性或理论性的研究，对航空航天科学方面做出的显著贡献。
1966 年	由美国总统林登·贝恩斯·约翰逊在白宫颁发国家科学奖章。
1966 年	由美国空军学院在科罗拉多斯普林斯市授予托马斯·德雷瑟·怀特国防奖。

1967 年	当选为美国航空航天学会的名誉会员。
1968 年	当选为英国皇家航空学会的会员。
1969 年	由美国退伍军人协会第 743 飞行员分站于 2 月 14 日在比特摩尔酒店飞行俱乐部授予威廉·米切尔将军纪念奖。
1970 年	由美国机械工程师学会颁发"圣路易斯精神"奖章。
1970 年	代表他领导的（直到 1975 年退休）洛克希德高级研发项目部接受由美国金属学会授予的首个年度工程材料成就奖。该奖表彰高级研发项目部"将钛合金材料从研发阶段提升至飞机应用生产阶段"。
1970 年	由加利福尼亚州贝弗利山市的美国高级工程研究所颁发优秀工程师奖。
1970 年	由华盛顿特区空军协会授予荣誉，表彰他设计 P-38 "闪电"战斗机。
1971 年	由美国国家工程院在华盛顿特区的斯塔特勒–希尔顿酒店颁发第六届奠基者奖章，表彰他在工程学领域做出的基础性贡献。
1972 年	由洛克希德加利福尼亚州管理委员会在好莱坞帕拉丁音乐厅授予银骑士奖，表彰他为洛克希德公司的成功做出的突出贡献。
1973 年	由内华达州拉斯维加斯市的飞行测试工程师学会授予首届"克拉伦斯·伦纳德·约翰逊奖"，表彰他在航空和飞行测试工程领域做出的突出贡献。
1973 年	由洛杉矶商会授予平民基蒂霍克纪念奖，表彰他在航空领域做出的突出贡献。
1974 年	由美国空军部长约翰·麦克卢卡斯授予空军杰出服务奖，表彰他从 1933 年至 1974 年为美国空军做出的突出贡献。
1974 年	他的头像被悬挂在俄亥俄州代顿市的美国航空名人纪念馆，表彰他在航空领域做出的突出贡献。
1975 年	由美国中央情报局授予杰出情报奖章，表彰他在侦察领域做出的突出贡献。该奖很少向情报部门以外的人士授予。

1975 年	荣获莱特兄弟纪念奖杯，表彰他在过去 40 年里在军用、民用飞机设计和研发领域做出的至关重要和不朽的贡献。
1978 年	美国航空航天学会举办一场"向凯利·约翰逊致敬"的晚会——通过多种形式展示其精彩杰出的一生，晚会共持续 1 个小时。
1980 年	荣获伯恩特·巴尔肯奖。这是纽约空军协会的最高奖，每年都会授予"在航空领域做出独特、广泛或者有重大意义的贡献的杰出美国公民"。该奖在 SR-71 飞机宣布研发成功后颁发。
1981 年	由美国国防部长哈罗德·布朗授予国防奖章，表彰他在公共服务领域出的突出贡献。
1981 年	被选为美国汽车工程师学会的名誉会员，表彰他"激发一小组员工在时间和经费都非常有限的情况下创造出革命性的飞机设计成绩"。
1981 年	美国空军设立"凯利·约翰逊黑鸟成就奖"，用于褒奖"自上一年年会后，对 U-2、SR-71 或 TR-1 飞机做出最重大贡献的个人或集体"。
1981 年	荣获丹尼尔·古根海姆奖章，表彰他的杰出的设计才能（设计多种速度飞机、民用机、战斗机及侦察机），以及创新的管理技能（在创纪录的时间内以最低成本研发出这些飞机）。
1982 年	由美国国家商务飞机协会授予航空服务功勋奖，表彰他设计了四十多种飞机，其中包括世界上第一架公务机——"喷气星"。
1983 年	由南加州航空俱乐部授予 1982 年度霍华德·休斯纪念奖，表彰他在航空领域的领导地位。获奖者一生的主要时光都把航空事业当作一种科学和艺术来追求。奖章上刻着"他的想象形成了理念，他的勇气铸就了现实"。
1983 年	由美国总统罗纳德·里根颁发国家安全奖章，表彰他在国家情报领域做出的突出贡献。
1984 年	由伦敦的英国皇家学会艺术、制造业及商业促进分会授予皇家荣誉工业设计师称号，表彰他在飞机设计领域的突出成就。

出版后记

随着科技的日益发展，飞机已成为体现一个国家国防综合实力的重要标志之一。本书正是以飞机设计为主题，引领读者了解对美国航空发展产生举足轻重作用的飞机设计师——凯利·约翰逊。

凯利·约翰逊是一位美国传奇飞机设计师。他设计的飞机声名赫赫，在世界航空史上画下浓墨重彩的一笔，为美国国防发展做出了杰出的贡献。

少年时代的凯利虽然贫穷，但志向远大，从12岁起就确定了成为一名飞机设计师的梦想，并一直为之奋斗。研究生毕业后，他加入了洛克希德公司。在第二次世界大战期间，他相继设计了"哈德逊"战斗机、P-38战斗机、美国第一架喷气式战斗机F-80、第一架超声速两倍战斗机F-104、U-2侦察机和SR-71"黑鸟"。在人类发展的历史进程中，战争是推动科技发展的重要因素。尽管第二次世界大战是一个契机，成就了凯利·约翰逊设计的各种飞机，但他在飞机设计过程中不畏艰难、积极探索、勇于突破的精神，以及几十年如一日对飞机设计的专注与热情值得我们每一个人学习。试想：一个人如果对事业、对生活有着如此执着的热情，还有什么事情办不到呢？

除了在飞机设计与技术方面毫不犹豫的判断与决策能力，他还具有独特的人格魅力，因而凝聚了一大批航空精英人才，创建了高效、快速、灵活的"臭鼬工厂"。"臭鼬工厂"秉承简约原则，去除各种纷繁复杂的流程，是一个独立而又高度紧密运转的精英系统。凯利·约翰逊的这种工作方法有利于实现有效管理、正确决策和现代化管理，非常值得借鉴。

怀揣梦想、坚持不懈似乎是每位成功者共有的特质。如此一生，用他自己的话来说，已经超过了所应得的份额。从凯利·约翰逊曲折精彩的人生经历中，读者必定能收获宝贵的人生启示，学会如何坚持梦想、追求事业、善待生活。这就是出版本书的目的。

服务热线：133-6631-2326　188-1142-1266
服务信箱：reader@hinabook.com

后浪出版公司
2019 年 2 月

图书在版编目（CIP）数据

我是怎样设计飞机的：美国飞机设计师凯利·约翰逊自传 / (美) 克拉伦斯·伦纳德·凯利·约翰逊, (美) 玛吉·史密斯著；杨松译. -- 杭州：浙江教育出版社，2019.5（2025.1重印）
ISBN 978-7-5536-7974-7

Ⅰ.①我… Ⅱ.①克… ②玛… ③杨… Ⅲ.①约翰逊(Johnson, Kelly 1910-1990)—自传 Ⅳ.①K837.126.16

中国版本图书馆CIP数据核字(2018)第230443号
引进版图书合同登记号　浙江省版权局图字：11-2018-339

KELLY:MORE THAN MY SHARE OF IT ALL BY CLARENCE L. "KELLY" JOHNSON AND MAGGIE SMITH

Copyright:©1985 by Smithsonian Institution
This edition arranged with SUSAN SCHULMAN LITERARY AGENCY,INC through BIG APPLE AGENCY,INC.,LABUAN,MALAYSIA.
Simplified Chinese edition copyright:
2019 Ginkgo (Beijing)Book Co.,Ltd.
All rights reserved.

本书中文简体版权归属银杏树下（北京）图书有限责任公司

我是怎样设计飞机的：美国飞机设计师凯利·约翰逊自传

[美] 克拉伦斯·伦纳德·凯利·约翰逊　玛吉·史密斯　著　杨松　译

选题策划：后浪出版公司　　　　　　　　出版统筹：吴兴元
责任编辑：江雷　　　　　　　　　　　　特约编辑：包凤
美术编辑：韩波　　　　　　　　　　　　责任校对：王凤珠
责任印务：曹雨辰　　　　　　　　　　　装帧制作：墨白空间
营销推广：ONEBOOK

出版发行：浙江教育出版社（杭州市环城北路177号，电话：0571-88909724）
印刷装订：天津中印联印务有限公司
开本：889mm×1194mm　1/32　　　　　印张：7.75　　　　字数：200 000
版次：2019年5月第1版　　　　　　　　印次：2025年1月第10次印刷
标准书号：ISBN 978-7-5536-7974-7
定价：39.80元

读者服务：reader@hinabook.com　188-1142-1266
投稿服务：onebook@hinabook.com　133-6631-2326
直销服务：buy@hinabook.com　133-6657-3072

后浪出版咨询（北京）有限责任公司　　版权所有，侵权必究
投诉信箱：editor@hinabook.com　　fawu@hinabook.com
未经许可，不得以任何方式复制或抄袭本书部分或全部内容
本书若有印、装质量问题，请与本公司联系调换。电话：010-64072833